CMZ

CMZ. Wir machen die guten Bücher. Seit 1979.

Ralf Bauer

Heinrich Bischoff, Jahrgang 1947, arbeitete bis zu seiner Pensionierung in der Versicherungsbranche, unter anderem in Hamburg, Düsseldorf, Neuss und Köln, wo er auch lebt. Danach begann er mit dem literarischen Schreiben. *Die Macht der Armseligen* ist sein zweiter Roman bei **cmz**.

Heinrich Bischoff

Die Macht der Armseligen

Köln-Krimi

mit den besten Empfehlungen

[Unterschrift]

cmz

Köln, 11.02.20

Bibliografische Information der Deutschen Nationalbibliothek

Die Deutsche Nationalbibliothek verzeichnet diese Publikation
in der Deutschen Nationalbibliografie; detaillierte bibliografische Daten
sind im Internet über http://dnb.d-nb.de abrufbar.

© 2019 by **cmz**-Verlag
An der Glasfachschule 48, 53359 Rheinbach
Tel. 02226-912626, info@cmz.de

Lektorat:
Beate Kohmann, Bonn

Schlußredaktion:
Clemens Wojaczek, Rheinbach

Satz
(Aldine 401 BT 11 auf 14,5 Punkt)
mit Adobe InDesign CS 5.5:
Winrich C.-W. Clasen, Rheinbach

Papier (Lux Creamy 90 g mit 1,8f. Vol.):
Arctic Paper S.A., Poznań / Polen

Umschlagfoto (*road-skyline-traffic-street-night-crossing*):
www.pxhere.com

Umschlaggestaltung:
Lina C. Schwerin, Hamburg

Gesamtherstellung:
Bookpress.eu, Olsztyn/Polen

ISBN 978-3-87062-310-4

001–300 • 20190517

www.cmz.de

Ich denke, also bin ich;
ich zweifle, also bin ich;
ich werde getäuscht, also bin ich.

René Descartes

Inhalt

Die Personen

Dr. Rainer Seeger	Anwalt
Ingrid Seeger	Exfrau von Seeger
Ursula Kröger	Sekretärin von Seeger
Lore Bassinger	Mandantin von Seeger
† Johann Bassinger	Ehemann von Lore
Hans Bassinger	beider Sohn
Ellen Bassinger	beider Tochter
Heinz Petersen	Kriminalhauptkommissar
Dennis Domen	Polizeihauptmeister
Der Hinkende	Ex-Kommissar, Vater von
(Friedrich Domen)	Denis Domen
Karl Krapps	Vorsitzender des Gesamtbetriebsrats
Dr. Christoph Clausenthal	neuer Vorstandsvorsitzender
† Dr. Sebastian Truts	Vorstandsvorsitzender
Dr. Rolf Rellinger	Vorstand
Heribert Vogelsang	Vorstand
Franz Westler	Vorstand
Klaus Wiese	Vorstandssprecher
Susanne Sahlenburg	Sekretärin
Semi Brandt	Reporter
Saskia Wanninger	Kollegin von Semi
Franz Kunkelbaum	Fotograf, Kollege von Semi
Erika Hussenweg	Angestellte in der Anzeigenabteilung
Die von der Platte	erste Berberin
Corinna	zweite Berberin
Frederika	ehemalige Dame in Blau

Der Verkehrsunfall

Polizeihauptmeister Dennis Domen las das Unfallprotokoll vom 20. April 2007 und schüttelte den Kopf. Er gehörte seit Langem zur Unfallaufnahme im Polizeipräsidium Köln in Kalk. Zunächst war es nur ein Gefühl. Irgendetwas stimmte nicht.

Jetzt der Unfall mit Todesfolge. Verursacht durch die Witwe Lore Bassinger. Unfallopfer Karl Krapps von der Titanus-Versicherung Aktiengesellschaft in Köln.

Die tragische Geschichte des Johann Bassinger, der während einer Betriebsversammlung auf drei Vorstandmitglieder geschossen und sich später in der Justizvollzugsanstalt das Leben genommen hatte.. Ein Opfer interner Machtspiele in der Titanus.

Die Reaktion der Unfallverursacherin: gefasst, fast erleichtert. Die ersten Zeugenaussagen, die zwei Frauen unterschiedlichen Alters davonrennen sahen. Von einigen Versicherungsmitarbeitern als Provokateurinnen bezeichnet. Der Hinweis des Pförtners der Titanus, dass Karl Krapps sich verfolgt gefühlt hatte. Das wiederholte Parken des Tatfahrzeuges in der Nähe des Haupteingangs.

Verdachtsmomente, die er mit seinem Kollegen, Kriminalhauptkommissar Petersen, besprechen wollte, der im Fall Johann Bassinger ermittelt hatte.

Er griff zum Telefonhörer. Wählte die Nummer. Hörte den langen, dunklen Ton des Freizeichens. Er trommelte mit den Fingern auf die Schreibtischplatte. Petersen meldete sich. Domen schilderte ihm den Sachverhalt und wurde gebeten, vorbeizukommen.

Domen eilte zum Nebeneingang, Haus Nummer Eins. Im Erdgeschoss meldete er sich beim Pförtner. Eine lästige Vorschrift. Der Pförtner wählte bedächtig die Telefonnummer von Petersen. Meldete Domen an. Meinte, an den Besucher gerichtet: »Sie werden erwartet. Zimmer 128.«

»Danke, ich weiß.«

Die Verteidigungsvorbereitung

Seeger stand am Bürofenster seiner Kanzlei und blickte auf den Theodor-Heuss-Park. Die Lage und die alte, rote Hausfassade waren es, die ihn veranlasst hatten, die Kanzleiräume am Theodor-Heuss-Ring Nummer 10 zu mieten. Idyllisch gelegen und nahe am Zentrum. Keine zehn Minuten vom Hauptbahnhof entfernt. Die Verlängerung der Ringe, für jeden Autofahrer ideal. Fast vor der Haustür die U-Bahn-Station am Ebertplatz. Häufig schlenderte er nach seiner Arbeit durch den Park, längs des Weihers, bis zur Bastei. Setzte sich auf eine der Bänke am Rheinufer und schaute den vorüberziehenden Lastkähnen zu. Lauschte ihrem Tuckern. Sah auf die Bugwellen.

Sein Blick schweifte von der Straße zur Grünanlage. Die Büsche und Sträucher standen in voller Blüte. Seine Augen suchten den Weiher ab. Die Stockenten zogen auf dem Wasser ihre Kreise. Seit zwei Jahren gab es auch Kanadagänse. Die vermisste er jetzt. Er sah auf die gegenüberliegende Straßenseite Richtung Bleistifthochhaus. Beobachtete, wie ein silbergrauer BMW 320d Touring in eine der Parknischen einbog. Zurücksetzte. Wieder nach vorne fuhr. Stoppte. Eine Frau stieg aus. Sein Herz schlug schneller. Es war Lore Bassinger.

Sie hatte ihren schwarzen Mantel über die rechte Schulter gelegt. Zu dem blauen Pullover trug sie einen grauen Rock. Sie ging schnell in die Grünanlage. Blieb abrupt vor dem Weiher stehen. Starrte kurz auf das Wasser. Wandte den Kopf zum Bürogebäude, als suche sie die Fassade ab. Er wich vom Fenster zurück. Sah auf seine Armbanduhr. Es war kurz vor elf Uhr, an diesem Donnerstag, dem 26. April.

Tief ließ er sich in den Bürosessel sinken. Er war leger gekleidet. Zur dunkelblauen Jeans mit dem schwarzen Ledergürtel und der silbernen Schnalle trug er ein rot-grau gemustertes Hemd. Mit einer Hand strich er über seinen Dreitagebart.

In seinen Gedanken liefen die Ereignisse ab. Wie sein damaliger Mandant, Johann Bassinger, während der außerordentlichen Betriebsversammlung der Titanus auf den Vorstandsvorsitzenden, Dr. Truts, dann auf die Vorstandsmitglieder Dr. Rellinger und Vogelsang geschossen hatte. Dabei rief Bassinger die Worte ›zu alt‹, ›zu teuer‹, ›zu dumm‹. Zum Schluss musste Bassinger erkennen, dass er Opfer einer Intrige gewesen war. Nur eine Marionette des Systems. Seeger wartete auf das Signal der Türklingel.

Lore Bassinger setzte sich in einen der schwarzen Ledersessel der Besucherecke. Seeger platzierte sich ihr gegenüber. Frau Kröger servierte Kaffee.

»Lieber Tee, beim nächsten Mal«, bat Lore.

Die Sekretärin nickte und ging. Bevor der Anwalt das Gespräch beginnen konnte, öffnete die Besucherin die Haare, indem sie die Schildpattspange löste. Sie schüttelte den Kopf. Fuhr sich mit der Hand durch die dunkelblonde Mähne, als müsste sie diese richten. Lächelte ihn an. Seeger war irritiert. Sie verströmte den Geruch von Vanille. Er rettete sich mit der Floskel: »Wie geht es Ihnen?«

»Wie soll es mir gehen?«

Er legte zwei Blätter Papier vor sich auf die gläserne Tischplatte. »Wie gehen Sie mit der jetzigen Situation um?«

Lore verzog keine Miene, als sie erklärte: »Die Situation, die unvorhergesehene? Sie erzeugt bei mir eine tiefe, innere Unruhe.«

»Und?«

»Ich weiß nicht, wie ich ihr begegnen soll.«

»Was meinen Sie?«

»Ich erlebe diese Zeit als eine Bedrohung. Nichts ist mehr, wie es war.«

»War das vorher auch schon so? Ich meine die Bedrohung.«

»Ja.«

»Sie weichen mir aus. Stärker, anders?«

»Anders.«

»Das ist … Meistens belehrt erst der Verlust uns über den Wert der Dinge. Das hat Schopenhauer gesagt.«

»Zitieren Sie immer einen Philosophen in einer, in einer Situation wie dieser?« Ihre Stimme klang abweisend.

»Wenn es mir auf diese Weise gelingt, dass sich meine Mandanten öffnen …«

Lore stutzte und verschränkte die Arme vor der Brust. Sie löste die Arme wieder und legte ihre Hände auf die Tischplatte. Parallel zu den leeren, weißen Blättern ihres Gesprächspartners. »Die Verluste bewirkten bei mir, mich mit der Endlichkeit des Lebens auseinanderzusetzen. Ich habe meine sozialen Beziehungen überdacht. Ansonsten …« Es folgte eine Pause.

Nach einem Lächeln erklärte sie: »Ich bin vorsichtiger geworden. Ein Vertrauensverlust. Ein unsanftes Wecken. Meine Sicht auf das Leben ist eine andere geworden. Definitiv.«

»Eine andere?« Seeger schob seine Schultern vor. Meinte etwas ungehalten: »Sie antworten erneut unpräzise. Ich frage Sie: Ergibt sich daraus womöglich Hass, Rache oder Vergeltung?«

»Wieso wollen Sie das wissen?«

»Diese Fragen wird sich die Staatsanwaltschaft stellen. Bei einem Verkehrsunfall mit Todesfolge wird automatisch strafrechtlich ermittelt. Das heißt, in dieser Angelegenheit wird die Kriminalpolizei hinzugezogen, und wenn zusätzliche Verdachtsmomente auftauchen …« Er fing ihren unsicheren Blick auf. »Wie ist die Tat abgelaufen? Welches waren Ihre Motive? Kriminalhauptkommissar Petersen, der die Ermittlungen gegen Ihren verstorbenen Mann geleitet hat, wird sich auf diesen Fall stürzen. Ich kenne ihn! Er ist zäh, lässt nicht locker. Mein dringender Appell: Schweigen Sie! Machen Sie von Anfang an deutlich, dass Sie von diesem Recht Gebrauch machen werden. Lassen Sie sich von niemandem zu einer Äußerung verleiten. Von keinem, selbst nicht von Nahestehenden. Keine Gefühlsandeutungen, die Rückschlüsse zulassen. Folgen Sie meinem Rat!«

»Ich habe Vertrauen zu Ihnen, Herr Dr. Seeger. Sie waren der Anwalt meines Mannes. Ich will Ihnen meine Sicht der Dinge schildern. Vielleicht verstehen Sie …«

»Es geht hier nicht um das Verstehen«, unterbrach er sie.

»Sie sollten sich meine Geschichte anhören«, antwortete Lore Bassinger mit sanfter Stimme. »Sie könnten enttäuscht werden. Anschließend entscheiden Sie, ob Sie mich vertreten. Ich glaube, zwischen Ihnen und meinem Mann war es genauso gewesen.« Sie stockte. Für einen Moment zuckten ihre Augenlider.

»Gut, fangen wir an.« Der Anwalt räusperte sich. »Schildern Sie mir bitte den Unfall.«

»Ich bin von der …, mir ist der Straßenname entfallen, abgebogen. Kurz vor dem Eingang der Titanus am Johannes-Giesberts-Park lief jemand zwischen zwei parkenden Autos auf die Straße. Ich konnte nicht schnell genug bremsen.«

»Haben Sie Karl Krapps erkannt?«

»Alles ging wahnsinnig schnell. Ich bin mit dem Kopf auf das Lenkrad aufgeschlagen. Als ich zu mir kam, stieg ich aus. Sah einen Körper auf dem Straßenpflaster liegen. Ich habe ihn zunächst nicht erkannt. Mir sind die zerfetzten Hosenbeine aufgefallen. Er blutete. Am Hinterkopf. Bis …«

Sie kaute auf ihrer Unterlippe.

»Bis?«

»Er trug eine goldene Armbanduhr. Seltsam, dass es mir auffiel, aber ich erkannte das Armband aus fein gehämmerten Goldblättchen. Im Rautenmuster angeordnet. Diese Uhr habe ich ihm geschenkt.«

Seeger ließ den Füllfederhalter aus der Hand fallen.

»Haben Sie das jemandem erzählt? Vielleicht dem jungen Polizisten, der den Unfall aufgenommen hat? Was haben Sie denn gesagt?«

»Ich habe erklärt, das sei Karl Krapps. Ich weiß es nicht mehr.«

»Können Sie sich an sonstige Sachen erinnern?«

»Nein.«

»Schockzustand«, brummte Seeger. »Wir sprechen später darüber. Eine ganz andere Frage. Was führte Sie zur Titanus-Versicherung?«

»Es ging um die betriebliche Altersversorgung. Man will mir die Betriebsrente nicht zahlen.«

»Wieso?«

»Sie meinen, Johann habe als ehemaliger Mitarbeiter das Unternehmen geschädigt. Nun ist er aber tot. Somit sind die Voraussetzungen für die Zahlung gegeben ...«

Lore schwieg. Stützte mit der Hand ihren Kopf.

Seeger griff zu dem Füllfederhalter. »Es gibt andere Unklarheiten. Besonders in Bezug auf Karl Krapps. ›Ein zufälliges Unfallopfer‹. Auf diesen Status sollten wir uns verständigen. Ich werde so argumentieren. Das ist unsere Linie.«

»Karl Krapps, er hat sich unser Vertrauen erschlichen. Definitiv.«

Sie zog ihre Mundwinkel nach unten, machte eine Pause.

»Frau Bassinger, ich muss Sie unterbrechen. Als Anwalt mache ich Sie, bevor Sie mir Details schildern, auf Folgendes aufmerksam. Bei einem unbeabsichtigten Verkehrsunfall mit Todesfolge müssen Sie in dem Gerichtsverfahren mit einer Verurteilung rechnen. Eine mögliche Haftstrafe von bis zu zwei Jahren wird in der Regel auf Bewährung ausgesetzt. Das ist meine Erfahrung.«

Er ließ das Gesagte wirken. Zum ersten Mal ertappte Seeger sich dabei, wie er Lore Bassinger fixierte, ihre Reaktion abwartete.

»Und?«

»Handelt es sich - und ich formuliere es weich - dagegen um einen gewollten Verkehrsunfall ...«, er stockte, um ihre ungeteilte Aufmerksamkeit zu erzielen, »dann ist es Totschlag oder Mord und gefährlicher Eingriff in den Straßenverkehr. Ich gehe zunächst von einem ungewollten Verkehrsunfall mit Todesfolge aus«, erklärte er mit leicht erhobener Stimme.

Lore Bassinger lehnte sich in dem Stuhl zurück. Schlug die Beine übereinander.

»Karl Krapps, diese Geschichte begann mit meiner zweiten Flucht aus dem Elternhaus in Hamburg. Weihnachten vor acht Jahren.«

Lore stockte. Starrte auf die Tischplatte. Fuhr darüber, als wolle sie Staub wischen. Ganz langsam. Sie erinnerte sich, wie ihr Vater an dem besagten Weihnachtsfest die Hauskatze auf seinem Arm gehalten hatte. Gedankenverloren an deren Zitzen spielte. Lore Bassinger schüttelte sich. Hob ihren Kopf und sah Seeger an.

Der strich sich mit den Fingern über die Narbe an seiner rechten Unterlippe.

»Mein Mann Johann war der Erste, der mir die Möglichkeit geboten hatte, mit dem Elternhaus zu brechen. Nur, ich wusste nicht um welchen Preis.« Sie schnippte mit den Fingern.

»Der Reihe nach«, unterbrach sie der Anwalt. »Geht es um die Geschichte Ihrer Ehe?«

»Die ist der Anfang, der die Tat begründet.«

»Die Tat? Wir haben uns soeben auf einen Verkehrsunfall mit Todesfolge verständigt.«

Sie ignorierte seinen Hinweis und fuhr fort: »Sie wollen die Wahrheit hören? Wichtig sind die Stationen meines Lebens. Alle. Definitiv. Für mich und für Ihre Verteidigung.«

Hinter einer zerbrechlich wirkenden Fassade zeigte sich eine Kämpferin.

»Wissen Sie, Herr Dr. Seeger, selbst wenn Sie einen anderen moralischen Standpunkt vertreten: Ich will es Ihnen erklären, wie ich es sehe. Ich hatte manche Affäre in meinem Leben. Karl Krapps war eine davon. Das erste Mal ist es prickelnd. Geheimnisvoll. Beim zweiten Mal gibt es diesen Reiz nicht mehr, wenn es überhaupt dazu kommt. Emanzipation ist, dass ich es für mich mache. Es ist wie mit dem Geruch.«

»Dem Geruch?«

»Der Geruch der Männer ist entscheidend. Erinnerte er mich an den meines Vaters, gab es kein zweites Mal. Im Gegenteil. Ich lüftete das Haus, gab meine Kleider zur Reinigung, um mich davon zu befreien.« Sie schwieg einen Moment. Wirkte abwesend. Erzählte mit schleppender Stimme: »In den ersten Jahren unserer Ehe roch ich Johann wahnsinnig gern. Ihn, den Träumer.«

Über die runde Glastischplatte hinweg legte sie ihre linke Hand leicht auf Seegers rechten Unterarm. Er spürte ein Kribbeln. Zog ihn weg.

»Ich habe Ihren Lebenswandel nicht zu beurteilen.«

»Nein, definitiv nicht. Ich möchte aber, dass Sie mich und meine Beweggründe verstehen. Nur darauf kommt es mir an.« Sie schob ihr Kinn nach vorne und ergänzte: »Zunächst.«

»Und der Geruch? Wieso erwähnen Sie den?«, tastete sich der Anwalt heran.

»Ich erkläre es Ihnen später.« Sie zögerte und ergänzte: »Vielleicht.«

»Wieso vielleicht? Ich bin Ihr Anwalt. Ich höre Ihnen zu. Ich hoffe, dass etwas in Bewegung kommt.«

»Mein Anwalt. Das heißt, Sie übernehmen den Fall?«

»Richtig. Sollten sich strafrelevante Tatsachen ergeben, die …«

»Lassen wir das Thema«, bemerkte Lore schmallippig.

»Einverstanden. Womit beschäftigen Sie sich im Moment?«

Der Anwalt folgerte, dass sie unangenehmen Dingen auswich.

Lore erklärte: »Das Haus, ich werde es verkaufen. Es ist zu groß, seitdem die Kinder fort sind. Mit dem Verkauf lasse ich die Erinnerungen zurück. Sie sind nicht immer positiv. Ich starte ins Ungewisse. Ein Abschnitt. Keine Ahnung, was mich erwartet. Ein Loch, gleich einem Abgrund? Bleibe ich, werde ich jeden Tag an etwas erinnert, was ich am liebsten vergessen möchte. Das Haus wird für mich zum Gefängnis.« Beiläufig erklärte sie: »Ewiges Vergessen, das gibt es nicht. Verharre ich in jenem Zwischenstadium zwischen Himmel und Hölle? Im Limbus?«

Seeger schüttelte den Kopf. Ihr Seelenleben erschien ihm ziemlich diffus.

Lore bemerkte sein Unverständnis. Lächelte. Wechselte das Thema.

»Ich bin nicht mehr dieselbe. Definitiv. Das Schlimmste ist diese Unsicherheit. Sie zermürbt mich.«

Sie taucht elegant ab in eine andere Welt, fand Seeger.

»Ich wünsche mir, dass Johanns Tod anders bewertet wird.«

Sie pausierte. Räusperte sich. »Ich will die Dinge richtigstellen.«

»Was meinen Sie damit?«

»Es war kein Selbstmord. Er wurde in den Tod getrieben.«

Seegers Mund war plötzlich trocken. Er trank hastig einen Schluck Kaffee.

»Geblieben ist in mir Angst und Unsicherheit. Mein fehlendes Selbstwertgefühl musste ich bekämpfen. Ich fühlte mich hilflos, fühlte mich blockiert. Johanns Tod war für mich ein tiefer Einschnitt.«

»Haben Ihnen Ihre Kinder geholfen?«

Sie zögerte. »Nein, meine Kinder nicht.« Mit einem gequälten Lächeln fügte sie hinzu: »Es war Johanns ehemalige Sekretärin, Susanne Sahlenburg. Sie hat mich aus der Erstarrung erlöst.«

»Wie hat sie das getan?«

»Sie ist mit mir in Brühl spazieren gegangen.«

»Mehr nicht?«

»Alle wichtigen Sätze sind heute von mir gesagt.«

Ihre Augen füllten sich mit Tränen. Sie verstummte.

»Wir setzen das Gespräch ein anderes Mal fort. Frau Kröger wird Sie anrufen, um einen neuen Termin zu vereinbaren. Soll ich Ihnen ein Taxi bestellen? Sie sollten nicht selbst fahren!«

Lore nickte, erhob sich und reichte ihm wortlos die Hand.

»Als Beschuldigte werden Sie bald vernommen werden. Warten wir die Ladung ab.«

Kurze Zeit später hörte er das Taxi vorfahren. Er trat erneut an das Fenster.

Grübelte: ein unstrukturiertes Gespräch. Sie hat eher einen Monolog geführt. Aber sie hat sich mir gegenüber geöffnet. Dieses häufige Lächeln? Weglächeln, nannte es Ingrid. Komisch, dass ich gerade jetzt an sie denken muss. Wie lange sind wir geschieden?

Er sah, wie seine Mandantin in das Taxi einstieg. Sie blickte zu ihm hoch. Er hob die Hand zum Gruß.

Er notierte sich:

Unfallhergang (Schilderung unvollständig)
Angst
Unsicherheit
kein Selbstwertgefühl
Limbus
Spaziergang Brühl

Am nächsten Morgen betrachtete er sich im Spiegel. Probierte
später die enge, verwaschene Bluejeans an. Vorteilhaft geschnitten,
fand er. Du alter Narr!

Semi Brandt

S emi blätterte im *Kölner Stadt-Anzeiger.* Er prüfte die Todesanzeigen in dem Konkurrenzblatt. Ob sie für ihn, den investigativen Journalisten von *Köln aktuell*, etwas hergaben. Er ergötzte sich
an den verlogenen Nachrufen der Angehörigen.

Die große Anzeige der Titanus-Versicherung ließ ihn stutzen.

Wir trauern um unseren verdienten Mitarbeiter

Karl Krapps

* 1.4.1955   † 20.4.2007

Plötzlich und unerwartet wurde er aus unserer Mitte
gerissen. In ihm verlieren wir einen Menschen, der
uns mit seinen Erfahrungen, seiner Sachkenntnis und
seinem Verantwortungsbewusstsein fehlen wird. Wir
werden ihm ein ehrendes Andenken bewahren.

Titanus-Versicherung Aktiengesellschaft
Der Vorstand

Er las die Anzeige ein zweites Mal. Es fehlte der Hinweis auf
eine Trauerfeier. Er fand beim nochmaligen Durchblättern keine
Anzeige der Familie.

Irgendetwas stimmte nicht. Gewissheit bekam er, als er im Teil
»Vermischtes« eine Kurznachricht fand. Unscheinbar, wie beiläufig, stand dort:

Karl Krapps starb am 20. April.
Sein Tod hinterlässt Spuren.
Die Betroffenen.

Sein Herz begann zu rasen, die Schläfen zu pochen. Ich rieche eine Geschichte, dachte er.

Semi wählte die Nummer der Anzeigenabteilung des *Kölner Stadt-Anzeigers* und ließ sich mit Erika Hussenweg verbinden.

»Tag, meine Liebe. Du errätst nicht, wer am Apparat ist.«

»Wer schon. Beginnt einer so, bist du es, Semi. Das muss seinen Grund haben, wenn der lang Vermisste sich bei mir meldet.«

»Du weißt, wie hektisch es in der Redaktion zugeht. Eine kurze Frage.«

»Gegen ein Abendessen mit mir?«

»Klar, gespickt mit vielen Neuigkeiten aus der Schickeria unserer Stadt. Nur für dich.«

»Semi, du Schmeichler. Schieß los.«

»Auf Seite vierzehn, unter ›Vermischtes‹ der heutigen Ausgabe, findet sich eine kleine Anzeige.«

»Was willst du wissen?«

»Wer hat die Annonce aufgegeben und die Rechnung beglichen?«

»Warte, ich sehe im Computer nach.«

Semi hörte das Klicken der Tastatur und das Selbstgespräch seiner Telefonpartnerin: »Kleinanzeigen, Seite vierzehn. ›Vermischtes‹. Na, komm. Dauert das heute! Wow, das ist interessant!«

Stille; dann ihre Stimme: »Semi, bist du noch dran? Komisch. Die Anzeige wurde bar bezahlt. Sie sollte unbedingt am selben Tag wie die Todesanzeige der Titanus erscheinen. Das steht hier dick vermerkt.«

»Wer war der Auftraggeber?«

»Eine Dora Schmitz. Schmitz. Und das in Köln! Eine von Hunderten.«

»Du meinst, ein falscher Name.«

»Das meine ich.«

»Du bist ein Schatz.«

»Ich weiß. Semi, denke daran: ein Abendessen.«

»Wie könnte ich das vergessen!«

Er schaute auf und entdeckte am Schreibtisch nebenan seine Kollegin Saskia Wanninger. Semi schätzte ihre Arbeit. Ihre Recherchen waren hervorragend. Die Wege, die sie beschritt, unkonventionell. Sie war dickköpfig, zielstrebig und verschwiegen – Eigenschaften, die sich bei ihr wunderbar ergänzten. Er betraute sie mit besonderen, delikaten Aufgaben.

»Saskia, Schätzchen, schau bitte im Archiv nach. Alles, was du zu einem Fall Bassinger findest. Ich wittere eine Story.« Er wippte in seinem Stuhl vor und zurück. Betrachtete ihre schöne, barocke Figur.

»Bassinger? Wie schreibt der sich?«

Er buchstabierte den Namen. »Sein Vorname ist Johann … Ach Schätzchen, auch Unterlagen über Karl Krapps. Meine damalige Quelle …«, er lachte, »da brauche ich alles. Bitte, erkundige dich, wann die Trauerfeier für Krapps stattfindet. Vermutlich in der Trauerhalle des Friedhofes Melaten, Eingang Piusstraße. Ich brauche Fränzchen für die Fotos.«

Semi sah ihr nach, wie sie in Richtung Glastür des Großraumbüros ging. Nicht ohne bei den Schreibtischen von Kollegen stehen zu bleiben. Einige Sprachfetzen fing er auf. »Bisschen hektisch, unser Starreporter. Davon lasse ich mich nicht anstecken …«

Es dauerte mehr als eine Stunde, bis Saskia zurückkehrte. Sie strahlte, denn sie war fündig geworden. Er hatte in der Zwischenzeit recherchiert. Besonders die Firmenentwicklung der Titanus-Versicherung und deren Personalmanagement.

Saskia legte ihm die Unterlagen auf den Schreibtisch. »Das konnte ich auf die Schnelle finden. Wichtig erschien mir, dir auch die Daten der anderen Vorstandmitglieder mitzubringen und Auszüge aus den Bilanzpressekonferenzen der Titanus.«

Sie beugte sich über den Schreibtisch. Gewährte Semi einen Blick in ihr üppiges Dekolleté. »Zusätzlich habe ich dir die Daten der Familie von dem Bassinger zusammengestellt. Eltern, Kinder, Großeltern, nebst den aktuellen Anschriften.«

»Du bist klasse.«

Semi fing an, das Material zu sichten. Stoff für fünf Artikel, spekulierte er. Formulierte in Gedanken die ersten Schlagzeilen. Saskia zog sich schmollend zurück.

Die Verabredung

Drei Monate vor dem Verkehrsunfall hatte bei Lore Bassinger das Telefon geschrillt. Der Ton unterbrach die lähmende Stille des Hauses. Sie erhob sich müde aus ihrem Sessel und ging in den Flur. Nahm den Telefonhörer ab. Nannte ihren Namen. Am anderen Ende der Leitung war es still. Energisch sagte sie: »Bitte, melden Sie sich.«

»Guten Tag, Frau Bassinger. Es fällt mir nicht leicht. Mein Name ist Susanne Sahlenburg. Ich war viele Jahre die Sekretärin Ihres Mannes.«

»Ich weiß. Wir sind uns ein oder zwei Mal begegnet.«

»Mein Gott, ich kann das Ganze noch nicht fassen.«

»Ja?«

»Es ist entsetzlich. Ich weiß nicht. Mir fehlen die Worte.«

Es entstand eine Pause. Lore hörte die Frau schwer atmen. Sie erinnerte sich an den selbstlosen Einsatz der Sekretärin. Vermutete ein Verhältnis mit ihrem Mann. Zumindest irritierte die Vertrautheit, wenn Johann von seiner Sekretärin sprach. Er wischte alle Verdächtigungen beiseite. Lobte im Gegenzug die hervorragende Zusammenarbeit. Erwähnte deren norddeutschen Akzent, den auch sie selbst hatte. In den Gedanken hinein hörte Lore am anderen Ende der Leitung die Stimme Sahlenburgs.

»Ich bin traurig. Alles ist auseinandergefallen. Haben Sie sich gefragt, wie das alles passieren konnte?«

»Was glauben Sie!« Lore war verärgert

»Entschuldigung. Es ist nur … Ich hab' mir das schon gedacht. Ich versuche, die Gründe aufzudecken. Ich will dieses … dieses verdammte Schweigekartell durchbrechen.«

»Schweigekartell? Ich verstehe Sie nicht. Was wollen Sie von mir?«

»Ich möchte Ihnen meine Überlegungen … also, das Erbe von Johann. Wie kann das erfüllt werden?«

»Von Johann?«

»Entschuldigung, wir haben uns geduzt. Ich möchte, dass sein Wirken nicht umsonst gewesen ist.«

»Welches Erbe?« Es entstand eine Pause.

»Wir sollten uns treffen. Dann kann ich das besser erklären.«

»Warum sollte ich mich mit Ihnen treffen?«

»Wir leiden an unserer Situation.«

»Unsere Situation?«

»Gemeinsam können wir es ändern.«

Lore zögerte. »Machen Sie einen Vorschlag. Ort und Zeit.«

»Ich bin mir nicht sicher. Wir könnten gesehen werden.«

»Warum so geheimnisvoll?«

»Ich werde Ihnen das erklären. Können wir uns am Sonntag in Brühl treffen? Vor dem Portal von Schloss Augustusburg?«

»Frau Sahlenburg, Ihr Vorschlag überrascht mich. Geben Sie mir Ihre Telefonnummer. Moment bitte, ich hole Papier und einen Stift … Hallo, sind Sie noch am Apparat? Ich notiere … Gut, ich rufe Sie zurück.«

Lore hörte ein schwaches: »Danke, tschüss.«

Mit unsicheren Schritten kehrte sie zu ihrem Sessel zurück. Welch ein seltsames Telefonat. Was will diese Frau von mir?

Die Versatzstücke

Seeger parkte seinen Audi in der Holbeinstraße. Die Sonne blendete ihn. Er musste blinzeln. Wie lange ist es her, dass ich zum ersten Mal das Haus der Familie Bassinger betreten habe? Sind es sechs Monate? Die Zeit vergeht! Vielleicht hilft mir der häusliche Rahmen, verwertbare Hintergrundinformationen zu erhalten.

Er unterbrach seine Gedanken, bog in die Christinastraße und rechts in die Lohsestraße ein. Bewunderte die Häuser mit ihren liebevoll gepflegten Vorgärten. Gegenüber die Fassaden der gediegenen Einfamilienhäuser. Er ging Richtung Nummer 210. Entgegen kamen ihm an diesem Morgen Handwerker in ihren Blaumännern, schwatzende, fröhliche Kinder und Hausfrauen mit Einkaufstaschen oder angeleinten Hunden.

Diese kleinbürgerliche Ordnung. Zum zweiten Mal wird die Idylle durch die Familie Bassinger gestört. Wie gehen die Anwohner mit dieser zweifelhaften Berühmtheit um? Es gilt doch die Unschuldsvermutung! Was heißt das in der Praxis, im täglichen Leben von Lore Bassinger? Vieles nehmen wir als selbstverständlich hin, bis wir darauf verzichten müssen.

Das waren seine Gedanken.

Pünktlich um zwölf Uhr klingelte er an der Haustür. Der Klingelton erschien ihm heute anders. Ein harmonischer Glockenschlag. Nicht schrill wie beim ersten Mal. Täusche ich mich?

Lore öffnete die Tür. Gab ihm die Hand.

Sie trug ein schwarzes, hochgeschlossenes Baumwollkleid mit breiter Passe. Die langen Ärmel waren oben geschlitzt. Der schmale, silberne Gürtel betonte ihre Taille.

»Kommen Sie bitte. Gehen Sie vor in das Wohnzimmer. Nehmen Sie auf dem Sofa Platz. Ich habe einen Tee für uns gemacht.«

Der Anwalt setzte sich auf das rote Sofa. Sah sich um. Nichts hatte sich seit seinem ersten Besuch nach der Inhaftierung von Johann Bassinger verändert.

Lore kam mit der Teekanne aus der Küche, riss ihn aus seinen Gedanken. Sie goss Tee ein.

»Die Sahne nehmen Sie sich bitte.«

Ihr Geruch von Maiglöckchen verstärkte sich. Sie setzte sich, schlug die Beine übereinander. Sah ihn abwartend an. Ernst und unaufgeregt.

»Erzählen Sie mir bitte von den Gesprächen mit Kollegen und Vorgesetzten von Johann.«

»Ich verstehe Sie nicht, Herr Dr. Seeger.«

»Alles, was Ihnen einfällt. Ich will mir ein Bild über das Betriebsklima machen. Ihre Sichtweise. Die Ihres«, er zögerte, »Ihres verstorbenen Mannes kenne ich. In Ansätzen.«

»Wozu?«

»Es sind Versatzstücke.«

»Versatzstücke? Sind die wichtig?«

»Sie stellen einen Bezugsrahmen her. Gab es Kontakte zu Ihnen? Von Kollegen, Freunden Ihres Mannes. Ich meine in dem Zeitraum zwischen seinem Tod und Ihrem Verkehrsunfall?«

»Nein. Wie kommen Sie darauf?«

»Sie erwähnten Susanne Sahlenburg.« Seeger sah seine Mandantin scharf an.

»Das war seine Sekretärin. Wir haben einander geholfen. Das habe ich Ihnen bereits erklärt. Aber Freunde? Freunde, bei der Assekuranz? Die hatte Johann nicht. Definitiv. Gemeinsame Interessen, die gab es unter den Kollegen«, sinnierte sie. Stutze und fragte kurz: »Herr Dr. Seeger, worauf wollen Sie hinaus?«

»Ich möchte alles wissen, was wichtig sein könnte für die Verteidigung. Jede Kleinigkeit. Für die Strategie, die wir verfolgen werden. Ich möchte nicht, dass wir im Prozess von irgendeinem Argument, von einem Zeugen, überrascht werden.«

Lore zuckte zusammen. Fragte leise: »Alles?«

Seeger nickte. »Fangen wir an!«

»Eine Tradition aus Hamburg. In meinem Elternhaus …, wir tranken Tee«, erklärte sie.

Sie zögerte. Sah den Anwalt an. Zog die Mundwinkel herunter. »Diesen Teil meiner Vergangenheit spare ich aus. Zunächst.«

»Erzählen Sie mir bitte alles, was Ihnen einfällt.«

»Wozu?«

»Ich weiß nicht, wie die Staatsanwaltschaft reagieren wird. Ob sie die Vergangenheit aufrollt, um ein Tatmotiv zu konstruieren.«

»Tatmotiv?«

»Was immer die Staatsanwaltschaft vorbringt. Ich werde die Argumente durch Detailschilderungen widerlegen.«

»Wo soll ich anfangen?«

»Machen Sie es an Personen fest. Schildern Sie mir Gespräche, die Sie mit Ihrem Mann, mit Kollegen von ihm führten oder denen Sie beiwohnten. Insbesondere die mit den Herren Dr. Truts, Dr. Rellinger und Vogelsang. Sowie … Karl Krapps.«

»Einverstanden. Ich fange mit dem Berufseinstieg meines Mannes bei der Titanus an. Mit seinem ersten Arbeitstag. Sein Arbeitszimmer lag im dritten Stockwerk. Im sechsten saß der Vorstand. Wunderbar hierarchisch.«

»Ging es nicht eher um die Funktion?«

»Das sagen Sie als ein Außenstehender, ein Unbeteiligter.«

»Was ist daran verwunderlich?«

»Es geht um die Hierarchie und die damit verbundenen Äußerlichkeiten. Die Zahl der Fenster seines Büros zum Beispiel. Ihm stand bei seinem Eintritt nur ein Zimmer mit zwei Fenstern zu. Er bezog eines mit drei. Das sorgte für Unmut bei der Verwaltung.«

»Wieso?«

»Es ging um die Gardinen. Er sollte nur für zwei Fenster Gardinen bekommen. Das dritte Fenster ohne.«

»Mit welcher Begründung?«

»Drei standen ihm nicht zu. Noch nicht. Also, zwei Fenster mit Gardinen.«

»Sie spannen mich auf die Folter«, stöhnte Seeger.

»Er verzichtete auf alle Gardinen.«

»Pragmatisch«, stellte Seeger fest.

Lore schüttelte den Kopf.

»Nicht ganz. Es gab die Fußmatte vor seiner Tür. Dick und hoch.«

»Sagen Sie nicht, dass ihm diese nicht zustand.«

»Sie sagen es.«

»Wie ging es aus?«

»Mein Mann sagte, sie sollen sie wegnehmen. Die Verwaltung zeigte sich diesmal großzügig. Im Gegenzug zu dem Gardinenverzicht beließ man ihm die Fußmatte.«

»Unglaublich«, entfuhr es dem Anwalt. »Die Geschichte hat kafkaeske Züge.«

»Im Nachhinein frage ich mich, wie er dort bestehen konnte. Nur, als er mir davon erzählte, verstand ich es nicht. Diese Kämpfe um Nichtigkeiten. Diese Machtspielchen …«

»… die Kapital vernichten«, ergänzte Seeger.

»Ende der Siebziger herrschte ein muffiges, autoritätsgläubiges Klima. Er war für seine Kollegen ein *Pimmok*. Ein Fremder, der sich nicht anpassen wollte.«

»War er ein *Pimmok*?«

»Nein«, widersprach Lore. »Eher ein Zugezogner, eben ein Imi. Er traf auf Karl Krapps. Der bot ihm seine Hilfe an, damit er sich in diesem Dschungel zurechtfand. Verhängnisvoll, wie sich später herausgestellt hat.«

Sie nahm die Teetasse. Trank einen Schluck. Zögerte. Nahm hastig einen weiteren. Beim Zurückstellen verfehlte sie die Mitte der Untertasse. Sie starrte sekundenlang darauf. Murmelte: »Entschuldigung. Wo waren wir stehengeblieben?«

»Sie berichteten kurz von der Arbeitsaufnahme Ihres Mannes bei der Titanus.«

»Dann sollte ich Ihnen die anderen Personen beschreiben, auf die mein Mann gestoßen war. Ihre Besonderheiten und Marotten.«

Sie lehnte sich zurück. Schloss die Augen, als müsse sie sich in die Vergangenheit zurückversetzen. Der Anwalt räusperte sich. Sie öffnete ihre Augen langsam und sagte monoton:

»Dr. Truts, der Vorstandsvorsitzende. Ich erinnere mich an einen dieser Gesellschaftsabende, ein Pflichtprogramm. Definitiv. Es war Sonntag. Wir fuhren mit dem Lift in sein Penthouse. Es war auf dem Dach des Verwaltungsgebäudes der Titanus am Johannes-Giesberts-Park. Mein Mann hatte Golfbälle besorgt. Auf dem Dach hatte Truts ein Gerät zum Üben der Abschläge installiert; die Bälle flogen in das Fangnetz. Wir stiegen in den Fahrstuhl. In der Ecke lag ein Haufen Hundekot. Ich glaube, ich war kreidebleich. Mir wurde schlecht. Truts Ehefrau, die neueste, hatte zwei Pudel. Einen weißen und einen braunen. Die nannte sie Brutus und Germanicus. Sie kam mir entgegen und fragte, warum ich so bleich aussähe. Ich erwähnte das Häufchen. Sie schrie: ›Das hat ein Nachspiel für die Hausverwaltung!‹ Mir war nicht klar, was die damit zu tun hatte, zumal an einem Sonntag.«

Lore machte eine Pause.

»Das ist nicht Ihr Ernst«, entfuhr es Seeger.

Lore setzte ihren Bericht fort: »Bei der Heirat von Truts damals kam es unter den Prokuristen fast zu einer Prügelei, wer das Hochzeitsgeschenk überbringen durfte. Unter anderem vergoldete Wasserhähne.«

»Erstaunlich.«

»Das war noch nicht alles. Gleichzeitig zum Penthouse in Köln möblierte sie ihre Wohnung in Nizza auf identische Art. Sie begründete es damit, dass ihr Mann sich nachts besser zurechtfinde. Egal, wo sie sich aufhielten.«

»Stark.«

»Definitiv. Beim Essen bedienten uns der Koch und das Personal aus der Firmenkantine. Seine Frau schwadronierte über die Bilanzen, die sie ihrem Mann im Bett vorlese. Er himmelte sie an.«

»Was wollen Sie damit sagen?«

»Im kleinen Kreis der leitenden Mitarbeiter prahlte er mit seiner Potenz, trotz des Altersunterschieds von über dreißig Jahren.

Lassen wir das. Alle heuchelten Verständnis, als sich seine Frau erhob, das Licht dimmte und verkündete, sie sei müde und müsse schlafen gehen. Was für ein Abend! Dieser Auftritt! Dieser angeblich knallharte Manager! Beruflich war er der Unberechenbare.«

»Das sind Momentaufnahmen «, warf Seeger ein.

»Sie ergeben ein bezeichnendes Bild von ihm«, verteidigte sich Lore. »Vor ihrer Heirat war seine Frau Angestellte in der Kraftfahrtabteilung gewesen. Einmal bemerkte sie ihren Kollegen gegenüber, die ihre schlechte Arbeit bemängelten: ›Ihr werdet mir eines Tages noch die Hand küssen.‹ Ein anderes Mal erzählte sie, dass ihr Freund sich gerade ein weißes Maserati-Coupé gekauft habe. Zufällig stand ein Kollege am Bürofenster und sah, wie Truts mit genau diesem Wagen in die Tiefgarage fuhr. Das Geheimnis, wer ihr Freund sei, war gelüftet. Allen war das neue Machtgefüge klar. Definitiv.«

»Ja«, meinte Seeger, »das sind Dinge, wie sie überall vorkommen. Warum sollte es bei der Titanus anders sein?«

»Ich will Ihnen nur ein Stimmungsbild vermitteln. Wie es auf mich wirkte. Solche Einladungen waren wichtig. Oft duzten sich die Männer am Ende des Abends. Das hob sie heraus. Machte das künftige Arbeiten einfacher. Das bedeutete nicht, dass dies der Anfang einer Freundschaft war. Das gegenseitige Misstrauen blieb. Eine Gesellschaft unreifer Männer.«

Sie beugte ihre Schultern vor. »Es ging ihnen um Macht, Einfluss oder Stärkung ihrer Position. Wir Frauen waren nur ein hübsches Beiwerk an solchen Abenden. Ich erlebte es mehr als eine Welt des Belauerns und des Misstrauens. Privat und beruflich, definitiv.«

Seeger kratzte sich mit der Hand am Hinterkopf.

»Das ist für die Beschreibung des verstorbenen Dr. Truts ausreichend.«

Unbeirrt fuhr Lore fort: »Truts war der Chef, das Alphamännchen. An den Grabenkämpfen ist der erste Mann in der Firma nicht beteiligt; der zweite ist gefährlicher. Der erste, der Chef, der hat seine Position. Kämpft nicht gegen die anderen. Es sind die in den Positionen zwei und drei, die Chef werden wollen, die um seine Gunst buhlen. Der Chef kann mit einem Satz die Karrieren der Untergebenen zerstören.«

Lore holte tief Luft. Es entstand eine kurze Pause.

»Kommen wir zu Rellinger.« Lore dokumentierte mit der Betonung des Namens ihre Verachtung. »Den kann ich kurz abhaken. Er war ein Schlappschwanz. Entschuldigen Sie meinen Ausdruck. Krank und medikamentenabhängig.«

»Das wissen Sie vom Hörensagen?«

»Nicht nur. Bei den wenigen gesellschaftlichen Begegnungen der unvermeidliche Griff zur Pillendose und seine Schweißausbrüche.«

»Wieso konnte er sich halten?«

»Ein starker Unterbau fing ihn auf.«

Lore lehnte sich zurück. Sah Seegers an.

Der meinte knapp: »Kommen wir zu Herrn Vogelsang.«

»Heribert Vogelsang. Den kann ich mit einigen Sätzen beschreiben. Ein stämmiger Mann in dunkelblauen Nadelstreifenanzügen. Macht und Einfluss, das repräsentierte er. Heute ist er ein Kumpel und morgen ein eiskalter Manager. Er besitzt den Killerinstinkt. Definitiv. Versehen mit einem unerschütterlichen Selbstvertrauen, schaffte er es, Frauen in seinen Bann zu ziehen.«

Es entstand eine Pause.

Seeger dachte, ihre Geschichten balancieren zwischen Offenheit und Andeutungen. Ich muss höllisch aufpassen, um ihre Schlüsselsätze nicht zu überhören. »Hat er es bei Ihnen geschafft?«

»Das ist eine persönliche Frage.«

»Auf solche Formalitäten können wir keine Rücksicht nehmen. Ich will Ihnen helfen.«

Lore zögerte. »Ein Ausrutscher«, meinte sie kleinlaut. »Mit folgenschwerem Ausgang für unsere Familie.«

»Wollen Sie darüber sprechen?«

Ohne zu zögern, erklärte sie: »Ich mache immer klare Ansagen. So habe ich es auch bei Vogelsang gehalten. Es gab kein zweites Mal.«

Seeger machte sich Notizen. Schuf eine Pause. Strich sich mit seinem linken Zeigefinger über die Narbe rechts an seiner Unterlippe.

Lores Augen weiteten sich. »Golf, Tennis und Skifahren gehörten für Vogelsang zur Allgemeinbildung. Das verkündete er nicht nur mir gegenüber.«

Seeger beugte sich vor, legte die Hände übereinander.

»Wie gingen Sie damit um?«

»Ich entwaffne solche Deppen, indem ich sie anlache.« Sie zögerte, setzte hinzu: »Weggelacht habe ich viele Dinge. Ohne dass ich gezeigt habe, was ich von ihnen hielt, ohne dass die Stimmung kippte. Definitiv.«

Sie lehnte sich zurück. Wartete seine Reaktion ab. Seeger dachte: Weglachen, diesen Triumph gönne ich ihr. Ihre Wortwahl erinnert mich an meine Ingrid. Die gleiche Gefühlskälte habe ich erlebt. Sie ging ihren eigenen Interessen nach. Karnevalsfeiern, Urlaubsreisen, Konzertbesuche. Immer mit ihren Freundinnen und Freunden aus der Zeit vor unserer Ehe. Mich schloss sie aus. Warf mir vor, eine juristische Spaßbremse zu sein. Nicht locker genug.

»Herr Dr. Seeger! Wo sind Sie mit Ihren Gedanken?«

»Entschuldigung. Es gab in Ihrer Wortwahl Übereinstimmungen mit meiner Exfrau.«

»Ach, Gemeinsamkeiten? Apropos, der Vorstand der Titanus. Die Männer hatten alle etwas Gemeinsames. Ihre Sprache. Vor allem die der Versicherungswirtschaft. Eine codierte.«

»Wie meinen Sie das?«

»Es ging um die Übernahme eines Versicherungsbestandes. Eine Gesellschaft trennte sich von einer Sparte. Grund für die Titanus, Stellung zu beziehen, wie die Herren es ausdrückten.« Lore zog verächtlich ihre Mundwinkel nach unten. »Es fielen Worte wie *Übernahmekampf, ultimativer Gegenschlag* und *gefüllte Kriegskasse*. Alles diente dazu, der Firma zu mehr Wachstum zu verhelfen. Der Markt war gesättigt. Nennenswerte Zuwächse konnten nicht erzielt werden. Expansion war das Schlüsselwort. Die sollte mit Zukäufen erreicht werden. Auf Teufel komm raus.«

»Mir fällt auf, dass Sie die Wortwahl perfekt beherrschen.«

»Das kann sein. Das war zu Hause unser Thema. Definitiv.«

»Entschuldigung. Ich habe Sie unterbrochen.«

»Es ging um Macht und Größe. Truts wollte glänzen und alle zogen mit.«

»Ich schließe daraus, dass Ihnen das missfiel?«

»Es war mein Mann. Er hatte Bedenken. Begründete das in Gesprächen mit Krapps. Verwies auf die Gründung und spätere Abwicklung der Kreditversicherung, eines Tochterunternehmens, mit dem die Titanus Schiffbruch erlitten hatte. ›Kapital wird erneut verbrannt‹. Das waren seine Worte.«

»Wie reagierte Krapps auf die Bedenken Ihres Mannes?«

»Der machte ihm Vorhaltungen. Meinte nur, er sei ein Bedenkenträger. Er müsse den Visionen folgen. Im Übrigen stärkten solche Zukäufe die Arbeitsplätze im Unternehmen. Das waren seine Worte.« Sie stutzte. »Worte. Die Worte aller Vorstände waren austauschbar. Hervorragend waren alle darin, Verantwortung wegzuschieben.« Lore verzog dabei keine Miene.

»Kommen wir zu Karl Krapps.«

»Karl Krapps. Ich bin noch nicht so weit. Bitte lassen Sie mir Zeit. Sein Name, er erinnert mich an den tanzenden Tod. Viel Stoff, Herr Verteidiger.«

Seeger blickte von seinen Notizen hoch. Er überhörte ihre Ironie. »Ich werde im Büro die Aufzeichnungen ausarbeiten. Das nächste Gespräch führen wir bitte bei mir. Ich melde mich. Danke für den Tee.«

Er erhob sich.

Sie zögerte und stand auch auf. »Ich bringe Sie zur Tür.«

»Sie wirken auf mich stabil.« Er konnte an ihrem Blick ablesen, dass das die falsche Bemerkung war. Ihre Selbstsicherheit war mit einem Schlag vorbei.

»Sie wissen nicht, wie es in mir aussieht.«

Sie waren im Flur. Seeger fragte: »Wie gehen Sie damit um?«
»Ich gehe spät ins Bett. Erst dann erreichen mich die belasten-
den Träume.«

Im Büro sah Seeger auf seine Notizen:

Kafkaeske Züge (Arbeitsaufnahme)
erstes Auftreten von Karl Krapps
Position von Dr. Truts – Gesellschaftsabend
Rellinger – medikamentensüchtig
Vogelsang – Killerinstinkt – Liebhaber für eine Nacht –
der tanzende Tod (physische Verfassung)

Fränzchen

Franz Kunkelbaum war Pressefotograf und weit über Köln hinaus bekannt. Seinen wirklichen Namen kannte kaum einer, noch wusste man Privates von ihm. Für alle war er nur das »Fränzchen«. Geschätzt wegen seines Gespürs für das perfekte Foto. Dafür nahm er einiges in Kauf.

Er gab sich bärbeißig. Dieser Zug passte gut zu den Narben in seinem Gesicht. Darauf angesprochen, meinte er: »Das Leben hinterlässt bei mir Spuren. Innen und außen.«

Ein weiteres Erkennungszeichen waren seine grell gemusterten Hemden. Locker über dem Hosenbund getragen.

Fränzchen verstand es zu feiern. Ausgiebig. Da wurde die Nacht zum Tag. Dann zeigte er seine sentimentale Seite. Tränenreiche Lieder.

Es gab Gerüchte, wonach Saskia Wanninger und Fränzchen ein Verhältnis hatten. Beide bestritten dies vehement. Mehr als berufliches Interesse habe es zwischen ihnen nie gegeben. Alles andere hätte zu Spannungen geführt, zwischen ihnen und Semi, denn die drei waren ein unschlagbares Team. Ein gefürchtetes Team.

Der Spaziergang

Elf Wochen vorher. Lore war aufgewühlt. Sie hatte sich mit der ehemaligen Sekretärin von Johann am Samstag um eins zu dem Spaziergang verabredet. Vom Schloss Augustusburg zum Schloss Falkenlust. Sie erinnerte sich an frühere Aufenthalte in Brühl. Wie sie mit ihrer Familie durch den Barockgarten mit den drei Wasserbassins und den beiden Fontänen spaziert war. Wie Johann den Kindern anhand des Gebäudes den Übergang vom Barock zum Rokoko erklärt hatte. Ihnen das Treppenhaus von Balthasar Neumann beschrieben hatte. Sie war fasziniert von den wie Stickerei wirkenden, filigranen Buchsbaumornamenten der Zierbeete, den Blumenrabatten. Ein Satz ihrer Tochter Ellen war ihr in Erinnerung geblieben. Situationen, die sie nicht beherrschte oder die sie ablehnte, kommentierte Ellen mit: »Alles Rokoko.«

Später hatte sich Lore mit Krapps in dem Restaurant der Orangerie mit den rundbogigen Fenstertüren getroffen. Das war am Anfang ihrer Affäre gewesen. Sie lachte, als er ihr von der Lübecker Schiffergesellschaft erzählte, die eine Sklavenkasse angelegt hatte, um eine gekaperte Mannschaft freizukaufen. Das gibt es auch bei der Titanus. Nur ist das eine schwarze Kasse, erklärte er ihr.

Sie schob ihre Gedanken beiseite. Schaute aus dem Fenster. Es war ein wolkenverhangener Tag. Sie entschloss sich, einen schwarzen Hosenanzug und die derben, schwarzen Halbschuhe anzuziehen. Keinen Schmuck. Bevor sie das Haus verließ, zog sie den dunkelgrauen halblangen Mantel über.

Lore hatte den Zug genommen. Der kleine weiße Bahnhof erinnerte sie an die Kolonialbauten auf Jamaika. Montego Bay und die Nacht mit Vogelsang, dachte sie bitter. Sie holte tief Luft und ging an dem Bahnhofsgebäude vorbei.

Das Kopfsteinpflaster mit seinen unterschiedlichen Grautönen führte zu einem schmiedeeisernen Tor und setzte sich bis zum Schloss fort. Das Tor hatte vier Säulen. Auf den äußeren, stärkeren Säulen saßen rechts und links zwei barocke Figuren, die zum Schloss blickten, als wiesen sie den Besuchern den Weg. Alles wirkte auf Lore märchenhaft. Entrückt, unwirklich in der heutigen, rationalen Zeit. Sie steuerte auf das Schloss zu.

Von Weitem sah sie Johanns Sekretärin. Susanne Sahlenburg hatte sich für ein blaues T-Shirt, schwarze Jeans und schwarze Stiefel entschieden. Darüber trug sie offen eine drei Viertel lange, schwarze Jacke. Ihr kupferrotes Haar war ein wirkungsvoller Kontrast.

Susanne entdeckte Lore und kam ihr entgegen. Die Hände hatte sie in den Jackentaschen versteckt. Lore sah es und dachte: Versteckte Hände – ein Zeichen der Ehrerbietung. Das war so im frühen Christentum. Sie schüttelte den Kopf. Erinnerte sich, wie Johann seine Mitarbeiterin einmal beschrieben hatte. Mag sie jemanden, fließen in ihre Sätze norddeutsche Worte ein. Wenn nicht, ist es bei ihr ein überkorrektes Hochdeutsch.

»Hallo«, sagte Susanne verlegen.

»Guten Tag. Prima, dass es geklappt hat. Wie sind Sie hergekommen? Ich habe den Zug genommen.«

»Ich die Straßenbahn.«

»Keine Parkplatzprobleme«, ergänze Lore.

»Plietsch«, kommentierte Susanne.

»Definitiv.«

Sie gaben sich die Hand, lachten.

»Nennen Sie mich Susanne. Es spricht sich einfacher.«

»Ich bin Lore.«

Beide blickten auf das Schloss.

»Johann konnte sich an dem Prunktreppenhaus nicht sattsehen.« Lore sah auf ihre nach außen gerichteten Fußspitzen.

»Gehen wir«, schlug Susanne vor.

»Das Pflaster … es ist beschwerlich. Wie meine derzeitige Stimmung! Es sind diese Bilder. Die träume ich«, begann Lore unvermittelt. »Sie haben meinen Mann gut gekannt? Welche Frage! Bei der langen Zusammenarbeit.«

Sie sah die Sahlenburg forschend an. Die hielt dem Blick stand, holte tief Luft und begann: »Ängste, Unsicherheiten waren Johann fremd. Selbst bei strukturellen Problemen.«

»Das ist mir zu abstrakt. Welche Rolle spielte mein Mann?«

»Er hat dem Druck nicht nachgegeben. War keine Bangbüx. Wissen Sie, Lore, dieser Führungsstil. Ich sag' es Ihnen. Den Herren ging es nur um ihren eigenen Vorteil, ihr Fortkommen. Diese Machtspielchen. Dieses Klima der Angst und der Anpassung. Johann bezeichnete es als die Macht der Armseligen.«

»Sie zeichnen ein positives Bild von ihm. Weil man über Tote nichts Schlechtes sagt?«

»Nö, Lore. Es ist sein Vermächtnis, über das ich mit Ihnen sprechen möchte. Die Geschichte seiner Auferstehung. Ein Sinnbild. Es gibt einen Ausweg, eine zweite Chance für uns.«

Sie redete laut und gestikulierte wild mit ihren Armen.

»Ich verstehe Sie nicht. Worauf wollen Sie hinaus?«

»Ich will nicht weiter ein Opfer des Systems sein!« Sie stieß ihre Hände ruckartig nach vorne.

Lore musterte ihre Gesprächspartnerin. »Jeder scheitert für sich. Trägt die Risiken«, murmelte sie. »Nochmals meine Frage. Worauf wollen Sie hinaus?«

»Ich möchte Sie und mich aus der Krise herausführen. Ein schöpferischer Wendepunkt dieser Situation muss her. Die Ursache. Wir stimmen unsere Geschichten ab und sehen dann weiter.«

Welch eine gestelzte Wortwahl, dachte Lore.

Sie bogen auf die Allee ein, die zu Schloss Falkenlust führt. Der Wind zerzauste ihre Haare.

»Wo sind Sie jetzt bei der Titanus?«

»Die neue Stelle im Back-Office verschafft mir eine Atempause. Vor allem schützt sie mich vor diesem Franz Westler. Dessen Sekretärin war ich nach … nach Johanns Ausscheiden. In meinen Augen eine glatte Fehlbesetzung. Mit seinem gefärbten Haar, den taillierten Hemden, unter denen die Fettschicht hervorquillt. Dem billigen rosafarbenen Plastikkamm in der Gesäßtasche der schlecht sitzenden Hose. Diese unterhalb des Bauchs festgezurrt. Piefig. Sag' ich mal. Seine kalten Augen gehen stets hin und her. Der weiß, wann ein Schnaps zu trinken und das Du anzubieten ist. Er pflegt seine Seilschaften. Einer, der dieses Spiel noch besser beherrscht, das ist Karl Krapps.« Ihre Stimme brach. Sie schaute Lore an und kräuselte die Stirn.

Warum schildert sie mir das so ausführlich? Laut sagte Lore: »Persönliche Bande stärken das berufliche Netzwerk. Diese Erkenntnis habe ich leidvoll erfahren. Denke ich heute an meinen Mann und an Karl …« Sie zögerte. Die Sätze erschöpften sie. »Karl Krapps. Ich kann es, Susanne, ich bin offen zu Ihnen, ich kann es heute nicht verstehen.«

»Was?«

»Die Faszination, der ich erlegen bin.« Sie sammelte sich. »Karl setzte auf Konfrontation, Johann suchte den Konsens. In seiner nüchternen, zurückgenommenen Art war Johann authentisch.«

»Jo«, pflichtete Susanne bei.

»Authentisch«, murmelte Lore, »dieses Wort, das für alles herhalten muss.« Sie holte tief Luft. Ihre Stimme gewann an Volumen. »Im Gegensatz dazu Karl. Er hatte eine schnelle Auffassungsgabe. Analysierte brillant. Johann war wortkarg.«

Susanne stampfte mit dem Fuß auf.

Lore fuhr fort: »Ich versuche es, Ihnen und mir zu erklären. Diese Sprachlosigkeit, die zwischen Johann und mir herrschte. Einer musste sie aufheben.«

Sie las in dem Gesicht der Frau. Susanne verstand sie nicht.

»Johann sperrte sich. Er sagte nichts und diese Stille, diese unausgesprochenen Worte. Die waren für mich, die waren für unsere Beziehung tödlich. Schlimmer, er kämpfte nicht um mich. Karl Krapps bot sich an und hatte leichtes Spiel.«

Es entstand eine Pause.

»Krapps war ein bärbeißiger Mann. Nicht am Anfang seiner Betriebsratstätigkeit. Später suchte er den Sieg. Für ihn waren Niederlagen Irrtümer.« Susanne hatte die Stimme gesenkt.

»Ja«, sagte Lore. »Er wollte den Erfolg. Definitiv.«

»Genau. Erfolg war seine Droge.« Susanne schwieg. Lore hatte das Gefühl, als warte sie die Wirkung ihrer Worte ab. Die Frauen gingen einige Schritte schweigend nebeneinander. Plötzlich blieb Susanne stehen.

»Ein Markenzeichen von Krapps war seine gute Kleidung«, meinte sie. »Diese Auswahl an gebundenen Fliegen.«

»Es fällt mir auf, dass wir von ihm die ganze Zeit in der Vergangenheitsform reden. Als …«

»Als was?«, unterbrach Susanne sie.

»Ein schrecklicher Gedanke. Als sei er tot.« Lore schüttelte sich. »Wir sind am Schloss Falkenlust«, sagte sie und blickte auf das Gebäude. Um abzulenken, erklärte sie: »Welch' ein Kontrast. Filigran und privat wirkt es gegenüber dem prunkvollen, repräsentativen Augustusburg. Es passt zu der Philosophie von Kurfürst Clemens August.« Lore wandte sich an ihre Begleiterin. »Mit Falken wurden Fischreiher gejagt. Anschließend beringte man die Reiher und ließ sie wieder frei. Das sollte den noblen Charakter des Kurfürsten symbolisieren.«

Susanne verzog keine Miene. Blieb die Antwort schuldig. Die Wolkendecke riss auf. Die Äste der Bäume warfen Schatten. Der Wind ließ die Schatten tanzen.

»Ich erinnere mich, wie ich zum letzten Mal hier gestanden habe«, hob Lore an.

»Wann war das?«

»Vor gut drei Jahren. Im Sommer. Alles stand in voller Blüte und die Erde duftete. Voll und satt. Ich kann es nicht anders beschreiben. Aber heute? Ich habe nichts gerochen.«

»Wir haben Februar!«

»Trotzdem.«

»Sie sind mit Karl Krapps hier gewesen?«

»Ja. Er lachte, als er von den blauen holländischen Kacheln mit den vielen Jagdszenen sprach. Von dem Pavillon der Lüste.«

Lore senkte ihre Stimme. »Kehren wir um.«

Susannes Haar leuchtete im Sonnenlicht. Gab ihrem harten Gesichtsausdruck für einen Moment etwas Weiches. Ob Johann das bei ihr bemerkt hat? Ließ die Berufswelt solche Empfindungen zu? Mein Gott, durchzuckte es Lore, Susanne Sahlenburg war in meinen Mann verliebt gewesen.

Die Reflexion

Die Jeans, sie passt Ihnen ja wie angegossen«, bemerkte Frau Kröger ihrem Chef gegenüber, bevor Lore die Kanzlei betrat. An diesem nasskalten Montagmorgen saßen der Anwalt und seine Mandantin in seinem Büro. Ihm fiel auf, wie vorteilhaft sie gekleidet war. Zu ihrem schwarzen Blazer trug sie eine violette Seidenbluse, deren oberste zwei Knöpfe geöffnet waren. Sie gewährte ihm einen Blick auf ein Collier in Gelbgold. Zu der dunkelgrünen Hose trug sie flache, schwarze Schuhe. Ihre Haare hatte sie diesmal streng nach hinten gekämmt. Lores Gesicht war ungeschminkt.

Bevor seine Mandantin ein Wort hervorbrachte, kam Frau Kröger mit einem Tablett herein. Sie stellte die weiße Teeschale mit dem Schilfdekor auf dem Besuchertisch ab. Platzierte in die Mitte die Teekanne, rechts daneben ein Kännchen mit Sahne. »Frau Bassinger bevorzugt Assamtee«, erklärte sie. »Möchten Sie auch einen Tee, Herr Dr. Seeger?« Sie hielt die zweite Schale in der Hand.

»Nein, danke«, knurrte er.

Kröger stellte die Tasse auf das Tablett zurück und schenkte Lore ein. Lächelnd beugte sie sich ihr zu. Seeger sah, wie seine Mandantin und seine Sekretärin Blicke wechselten.

Woher weiß sie von dem Teegeschmack meiner Mandantin?

»Falls noch etwas gewünscht wird …«, murmelte die Sekretärin und ging.

Lore goss Sahne in den Tee. Sah gedankenverloren, wie sie sich in der Tasse ausbreitete.

Seeger zupfte an seinem Dreitagebart, lächelte sanft. Räusperte sich und versuchte, Lore in die Wirklichkeit zurückzuholen.

Mit unsicherer Stimme sagte sie: »Ich habe Schlafprobleme. Ich wache morgens auf und taumele ins Badezimmer. Dort kommen mir die unmöglichsten Gedanken.«

»Was meinen Sie?«

»Den Suizid. Definitiv. Das war mehr als einmal mein Gedanke.«

»Sind Sie in psychiatrischer Behandlung?«

»Daran habe ich gedacht. Trotz der Bemühungen meines Arztes habe ich keinen Platz bekommen.«

Lore sah an ihm vorbei und sagte: »Ich denke oft an Johann. Seltsam. Noch mehr belastet mich diese Ungewissheit.«

»Welche Ungewissheit?«

»Nicht abschließen zu können. Ich fühle mich hilflos. Vor allem das. Definitiv. Heute denke ich, Karl Krapps hat alles getan, um uns zu zerstören. Er wusste, wie sensibel Johann war. Er versuchte, ihn an sich zu binden. Beruflich trat er als sein uneigennütziger Kollege und Freund auf. Stand ihm mit Rat und Tat …«, sie stutzte, »was für eine Phrase. Ich meine, er hat sich für ihn unentbehrlich gemacht.«

Sie gewann mit jedem Satz an Sicherheit.

»Wie hätte Karl Krapps reagieren sollen?«

Sie errötete. »Ihm einen anderen Weg aufzeigen. Stattdessen schirmte er ihn von den Kollegen ab. Er zerschnitt Johanns Netzwerk, das womöglich Druck hätte abfedern können.«

»Wie reagierten die Kollegen Ihres Mannes?«

»Am Anfang mit Unverständnis. Später mit Spott. Man nannte Johann und Krapps die Siamesischen Zwillinge.«

»Und im familiären Freundeskreis?«

»Das Schema setzte sich fort. Karl war stets präsent. Für Dritte gab es keinen Raum. Das erstreckte sich bis in unsere Familie. Besuchten uns meine Eltern, war er ein gern gesehener Gast. Meine Mutter himmelte ihn an. Definitiv. Für meinen Vater war er ein geschätzter Gesprächspartner.«

»Er musste sein Umfeld klein halten, um besser strahlen zu können«, bilanzierte Seeger. »Und Ihr Mann?«

»Johann? Er hat sich nicht gewehrt. War kein Platzhirsch, der sein Territorium verteidigt.«

Sie breitete die Arme aus. Zog ihre Schultern hoch.

»Ich fasse zusammen: Karl Krapps schaffte es, für alle unentbehrlich zu sein?«

Lore ging kurz in sich. »Er war da.«

»Sie meinen, er nahm Einfluss auf den Beruf, die Familie und den Freundeskreis?«

»Ja, und zwar in seinem Sinne. Dazu war ihm jedes Mittel recht. Alles war von Krapps langfristig geplant. Wir waren seine Marionetten. Ein strategisch undurchsichtiger und mit allen Wassern gewaschener Strippenzieher, das war er.« Sie stockte. »Ich träumte jede Nacht von einstürzenden Häusern. Ich wusste, das ist mein Leben gewesen. Jenes, das heute nur noch in den Fotoalben und in meiner Erinnerung existiert.«

Wie theatralisch, urteilte der Anwalt.

Unvermittelt erklärte sie mit brüchiger Stimme: »Das erste Jahr ist das Schlimmste. Sie machen jede dieser Situationen auf einmal alleine durch.«

»Es heißt Trauerjahr.«

»Nur, das Jahr ist noch nicht um. Ich weiß nicht, was mich erwartet.« Es entstand eine Pause. »Selbstachtung heißt, jemand zu sein. Daran arbeite ich.«

Seeger studierte das Gesicht seiner Mandantin.

»Ich habe Bilder von Johanns Beerdigung dabei.«

Mit diesen Worten schob Lore ihm einen braunen Briefumschlag zu.

Der Anwalt starrte darauf. »Wir sollten das Gespräch zu einem anderen Zeitpunkt fortsetzen. Ich habe einen wichtigen Termin.«

Später notierte sich Seeger:

psychologische Ausnahmesituation
Strategie von Karl Krapps – Abhängigkeiten privat / beruflich

Er nahm den Briefumschlag und legte ihn in die oberste Schublade seines Schreibtisches.

Das Begräbnis

Semi und Fränzchen erreichten kurz vor elf Uhr die Trauerhalle des Friedhofes Melaten an der Piusstaße. Sie traten ein und standen vor Karl Krapps' Sarg, auf dem drei Kränze lagen. Der mittlere hatte eine Kopfgarnierung von weißen Rosen, Anemonen und Flieder. Die anderen waren rund gesteckt. Der rechte mit Ginster, Narzissen, Traubenhyazinthen und Iris. Der linke mit Anemonen, Freesien, Tulpen und Hyazinthen, wobei hier der Gelbanteil überwog. Gelb und blau, gleich den Farben der Firmenwerbung der Titanus-Versicherung. Rechts und links brannten schlichte weiße Wachskerzen. In der ersten Bankreihe saß einsam eine Frau. Dahinter vier Männer. Ein weiterer hatte sich rechts von ihnen in der nächsten Bankreihe platziert.

Semi und Fränzchen setzten sich in die letzte Reihe. Der Geistliche erschien. Verneigte sich vor dem Sarg. Bekreuzigte sich. Drehte sich zu den Trauernden und begann mit leiser, monotoner Stimme seine Rede.

Später waren sich Semi und Fränzchen einig, dass sie wenig Persönliches, dafür mehr die Verdienste des Verstorbenen um die Titanus-Versicherung enthalten habe.

Nach fünfzehn Minuten betraten sechs Sargträger den Raum. Nahmen die Mützen ab. Setzten sie wieder auf, um den Sarg durch den Seitenausgang fortzutragen. Die Trauergäste erhoben sich.

»Schieß Fotos von den Leuten, den Kränzen und den Schleifen«, raunte Semi seinem Fotografen zu. »Auch von den Gesichtern der Trauergäste am Grab.«

Zuerst ging die Frau zum Ausgang. Sie war groß gewachsen, schlank und trug ein schwarzes Kostüm. Die überdimensionale Sonnenbrille verdeckte ein Drittel ihres Gesichts. Die Kurzhaarfrisur der blonden Haare unterstrich ihren sportlichen Auftritt. Mit beiden Händen hielt sie eine weiße Rose. Es folgte ein Mann in einem abgetragenen, dunkelblauen Mantel. Sein fahles Gesicht und das schüttere, graue Haar gaben der Gestalt etwas Armseliges. Er zog sein linkes Bein nach. Dahinter bildeten die vier Männer zwei Gruppen. Sie trugen Straßenkleidung, als wären sie gerade vom Büro in die Trauerhalle geeilt. Beim Hinausgehen schwatzten sie.

Der Elektrokarren mit dem Sarg fuhr vor. Der Trauerzug formierte sich. Die Gruppe folgte dem Geistlichen angemessenen Schrittes. In gebührendem Abstand reihten sich Semi und sein Begleiter ein. Gut zehn Meter von dem offenen Grab entfernt schoss Fränzchen seine Fotos. Semi fiel auf, dass die Frau die weiße Rose recht lieblos in die Grube warf. Sie drehte sich abrupt um und ging. Der Mann in dem abgewetzten Mantel faltete die Hände, murmelte ein paar Worte und nahm die kleine, rostige Schaufel. Drei Mal warf er Erde in die Grube. Lächelte und drehte sich sichtlich erleichtert um. Die anderen traten nacheinander an das Grab. Pflichtgemäß nahmen sie die Schaufel und warfen ungerührt die Erde in die Öffnung.

Nachdem die Trauergäste das Grab verlassen hatten, gingen Semi und Fränzchen näher heran. Semi las die Kranzschleifen. Auf der mittleren stand: *In Gedenken – Frederika.*

Rechts war der Kranz der Titanus-Versicherung. Links der des Betriebsrates.

»Erstaunlich mager für einen Mann in dieser Position«, bemerkte Semi. »Komm, lass uns im Restaurant Alt Melaten ein Bier trinken und eine Kleinigkeit essen.«

Lores Beichte

Elf Wochen vorher – nachmittags. Lore und Susanne kehrten Schloss Falkenlust den Rücken zu. Schweigend gingen sie die Allee entlang. Nach einer Weile sagte Lore: »Ich will dem Ganzen eine Form geben. Ich muss es erzählen können. Ich muss meine Stärken neu entdecken.« Sie holte tief Luft und erklärte: »Meine Kindheit. Meine Eltern haben mir meine Träume gestohlen. Ich habe gelernt, Unangenehmes zu verdrängen.«

Sie holte mit ihrem rechten Fuß aus. Schoss einen Stein an den Stamm eines Kastanienbaumes.

»Ich heiratete Johann und ging mit ihm nach Köln. Hans kam auf die Welt. Hans! Er war ein Wunschkind. Es folgte Ellen.«

Lore schwieg. Dachte: Ellen war nicht gewollt. Das Kind muss es geahnt haben. Biss mir in meine Brust. Ich konnte sie nicht stillen.

Susanne unterbrach Lores Erinnerungen: »Ellen war Johanns Liebling. War een richtiger Schietbüddel.«

Lore kommentierte die Aussage nicht. Sagte stattdessen:

»Johann konnte sich auf Ihre Diskretion verlassen, Susanne. Sie wissen vermutlich um unsere Ehe. Wir lebten nicht in einer stabilen Partnerschaft. Er hat die Situation durch seine Arbeitswut kompensiert. Begründete diese wie folgt: Es sei viel zu tun, aber es mache ihm unheimlichen Spaß.« Gedehnt wiederholte sie: »Spaß. Er hatte seinen Spaß. Und was war mit mir?«

Wieder verlor Lore sich in Gedanken. Ich hatte meine Affären. Spätestens nach drei Tagen langweilten die mich. Meine Katastrophen. Männer!

Lore wandte ihren Blick Susanne zu. Die hatte den Mund leicht geöffnet und atmete hörbar ein und aus. Weiß sie oder weiß sie es nicht, durchfuhr es Lore.

»Wissen Sie, Susanne, böse Gedanken kommen bei mir in die Kiste. Die wird immer voller. Ich habe das Gefühl, dass sie nicht mehr ausreicht. Da sind unter anderem diese Bürokraten der Titanus. Stellen Sie sich vor, die Betriebsrente wollen die mir verweigern mit der Begründung, dass Johann sie geschädigt habe.«

»Unglaublich«, entfuhr es Susanne.

»Ist der Rentenanspruch nicht abhängig vom Tod? Der, wie sagt man …?«

»… den Leistungsfall auslöst«, half Susanne.

»Definitiv. Wie steht das Unternehmen moralisch da? Ich bin das Opfer. Die Firma hat ihn kaputtgemacht. Es gab kein Gegensteuern, als die Anzeichen eines Burn-outs für alle sichtbar wurden! Ist es nicht die moralische Verpflichtung der Firma?«

Lores Stimme brach. Sie holte ein Papiertaschentuch aus ihrer Manteltasche und schnäuzte sich.

»Krapps sah tatenlos zu. Wissen Sie, Susanne, beim Lügen braucht man ein gutes Gedächtnis. Wann tische ich wem welche Version auf? Die Kunst ist es, jederzeit authentisch zu wirken. Es gibt Meister, wie Karl Krapps einer ist. Lüge, alles Lüge. Es dauert, bis man es erkennt. Er schafft es, durch seine Fragen dem anderen Interesse vorzugaukeln. Durch seine schlagfertigen Antworten die Aufmerksamkeit auf sich zu lenken. Durch seine gewandte Art, die Menschen für sich einzunehmen. Sie durch sein Wissen zu verblüffen, zu beeindrucken. Alles charmant verpackt. Erzählt er einen Witz, sitzt die Pointe.«

»Ich kenne seine Wirkung auf Menschen. Auch auf Frauen …«

Diese Andeutungen! Sie weiß Bescheid, durchzuckte es Lore. Ich muss das Thema wechseln.

Sie passierten den Spiegelweiher. Die Kieselsteine knirschten unter ihren Füßen. Unvermittelt begann Lore: »Diese Zierbeete aus Buchsbaum. Diese Gartenkunst. Die Harmonie der Anlagen. Wie die Seele das aufsaugt. Wie Musikinstrumente im Dialog untereinander. Entschuldigung.«

»Ist gut. Ich merke, vieles geht in Ihnen vor.«

»Besonders der Verrat an Johann. Ich habe Krapps gesagt, du kannst dich noch so schlecht benehmen. Es spielt keine Rolle. Wissen Sie, die Erkenntnis kam aus dem Nichts. Wie ein Blitz. Alles zusammen, meine Schuld ist groß. Definitiv.«

»Einen Teil können Sie abtragen. Das sag' ich Ihnen.« Susanne verlangsamte ihre Worte. Gab ihnen so eine besondere Bedeutung.

Die Bilanzpressekonferenz

Kurz vor elf Uhr am Montag, dem 21. Mai, betrat Semi Brandt den Raum »Rheinland« der Titanus. Es waren rund dreißig Personen da. Er steuerte auf einen der hinteren Stühle zu. Setzte sich an den Tisch mit dem Mikrofon. Er stellte sein Namensschild darauf. Blätterte lustlos in der Pressemappe. Nickte den Kollegen zu. Denen des *Kölner Stadt-Anzeigers*; der *Kölnischen Rundschau*; des *General-Anzeigers* aus Bonn. Er erspähte den Kollegen aus Düsseldorf, der für die *Rheinische Post* tätig war. Es waren Wirtschaftsjournalisten. Er sah keinen Vertreter der Boulevardpresse, wie des *Express* oder der *Bild*. Das beruhigte ihn.

Er schaute auf die Leinwand. Der Beamer projizierte die erste Folie. In großen Lettern stand dort: *Willkommen zur Bilanzpressekonferenz der Titanus-Versicherung Aktiengesellschaft.*

Das historische Bild des Verwaltungsgebäudes in Brauntönen nahm zwei Drittel der Folie ein.

Unter einem schwarzen Balken, gleich einer Fußnote, die fünf Namen der Repräsentanten des Konzerns.

Darunter saßen die Fünf. Auf dem Tisch vor jedem jeweils die Mineralwasserflasche mit dem Wasserglas sowie eine silberne Kaffeekanne und eine weiße Kaffeetasse. Davor das Namensschild mit Großbuchstaben. Rechts außen saß Pressesprecher Klaus Wiese, daneben die vier Herren des Vorstandes.

Der Pressesprecher trug ein dunkelrotes Jackett. Im Gegensatz dazu hatten die Vorstandmitglieder sich für gedeckte Anzüge entschieden. Die dezenten Krawatten waren Farbtupfer auf ihren weißen Hemden.

Wiese fuhr sich mit der rechten Hand durch sein schwarzes Haar, um pünktlich mit der Eröffnung zu beginnen. Er setzte sein einstudiertes Lächeln auf und begann:

»Guten Tag, meine Damen und Herren. Herzlich willkommen zu der heutigen Pressekonferenz hier im Raum Rheinland.

Bevor ich zu der heutigen Tagesordnung komme, einige Vorbemerkungen. Neben den Ihnen bekannten Herren, von rechts nach links, Herr Dr. Rolf Rellinger, Herr Heribert Vogelsang und Herr Franz Westler, gibt es ein neues Gesicht. Ich freue mich, Ihnen den künftigen Vorstandsvorsitzenden, Herrn Dr. Christoph Clausenthal, vorstellen zu dürfen.«

Der Pressesprecher wandte seinen Oberkörper in Richtung des Neuen.

»Herr Dr. Clausenthal wird seine Arbeit in unserem Konzern offiziell am ersten Juli aufnehmen.«

Er machte eine Pause. Zeit für die Journalisten, einen ersten Eindruck von Clausenthal zu bekommen.

Semi Brandt fiel auf, dass Clausentahls Augen weit auseinander standen, verstärkt durch das schwarze Brillengestell. Der Oberlippenbart sollte wohl markant erscheinen. Trotzdem wirkte Clausenthals Gesicht brav und blass. Zu weiteren Überlegungen kam Semi nicht. Der Pressesprecher fuhr mit einschmeichelnder Stimme fort: »Herr Dr. Clausenthal wird Ihnen einen Überblick über seinen beruflichen Werdegang geben sowie seine künftigen Schwerpunkte in unserem Konzern erläutern.«

Clausenthal lächelte; die anderen Vorstandsmitglieder nickten.

»Bevor ich Ihnen den Ablauf vorstelle, noch eine Bitte: Stellen Sie Ihre Fragen am Ende der Pressekonferenz. Das bedeutet nicht, dass Sie diese nicht zwischendurch stellen können, wenn es«, Wiese schmunzelte, »brandeilig ist.« Anschließend erklärte er in einem gönnerhaften Ton: »Nach dem offiziellen Teil besteht die Möglichkeit, Ihre Fragen mit den Mitgliedern des Vorstandes persönlich zu diskutieren. Wir haben einen kleinen Imbiss für Sie vorbereitet.« Er setzte erneut eine seiner Pausen ein.

Das nutzten die Herren des Vorstandes für ihre eigene Vorbereitung. Rellinger nahm die Brille ab. Steckte den rechten Brillenbügel in den Mund. Vogelsang fuhr sich mit den Händen durch das Gesicht. Westler trank hastig Kaffee. Stellte die Tasse energisch zurück. Clausenthal blätterte in den Papieren.

»Die Herausforderungen der Branche«, fing Wiese an, »hat die Titanus hervorragend gemeistert. Dank guter Produkte erzielten wir einen gebuchten Bruttobeitrag über dem Marktdurchschnitt. Die Einzelheiten werden Ihnen die Herren links von mir detailliert erläutern. Zu den Sachversicherungen, Herr Westler. Die Personenversicherungen erläutert Herr Vogelsang. Über die Kapitalanlagen informiert Sie Herr Dr. Rellinger. Zum Schluss Herr Dr. Clausenthal. Ich gebe zunächst weiter an Herrn Westler.

Es folgten über sechzig Minuten lang die einzelnen Statements der Herren. Unterstützt durch die Folien mit farbigen Kurven, Balkendiagrammen und Zahlenkolonnen. Aufgearbeitet und mit kurzen Schlagworten versehen.

»Wir sind fast am Ende der Veranstaltung«, fasste Wiese zusammen. »Die letzten Wortmeldungen, bitte.« Es war ihm anzusehen, dass er mit dem bisherigen Verlauf der Veranstaltung zufrieden war.

»Semi Brandt, von *Köln aktuell*. Meine Frage richtet sich an Sie, Herr Wiese, und an Herrn Dr. Rellinger, in seiner Eigenschaft als Personalvorstand.«

»Herr Brandt. Wer soll Ihnen antworten? Wir beide, hintereinander?«

Die Stimme von Wiese war weich und sonor. Brandt ließ sich nicht beirren.

»Herr Wiese, ich kenne Ihre kritische Einstellung zu uns Journalisten. Was immer das heißen mag. Meine Frage: Sie sprechen von Transparenz. Legen Fakten, Zahlen, Ziele offen. Parlieren über Visionen. Liefern Kennziffern zur Kundenzufriedenheit. Ich frage mich, was bedeutet das? Wachstum, Gewinn, Marktanteile? Die Kundenzufriedenheit, die macht sich nicht nur an den Produkten fest. Die Kundenzufriedenheit erreichen Sie auch durch ihre Mitarbeiter. Darüber verlieren Sie kein Wort.«

»Entschuldigen Sie, Herr Brandt, dass ich Sie unterbreche. Es ist unsere Bilanzpressekonferenz«, warf Wiese ein. »Die Personalentwicklung ist heute nicht Gegenstand. Ich notiere mir gerne dieses

Thema für die nächste Tagung. Das scheint Ihnen ja sehr am Herzen zu liegen.«

Das Gelächter der Pressevertreter honorierte Wieses Punktlandung.

»Darüber hinaus sind es mehrere Fragen, die Sie gestellt haben. Fünf notierte ich mir. Soweit kann ich zählen«, sagte Wiese.

»Rhetorisch geschickt, Herr Wiese«, konterte Semi. »Haben Sie keine Antworten, kommen Sie mit Scheinantworten.«

Der Gemaßregelte beugte seine Schultern vor, stützte die Hände auf die Tischplatte, als wollte er zum Sprung ansetzen. Die Journalisten drehten sich dem Fragesteller zu.

»Wenn die Gewinnsteigerungen, Herr Wiese, auf dem Rücken Ihrer Mitarbeiter ausgetragen werden, dann ist das ein Thema! In elf Jahren gab es achtzehn, ich wiederhole, achtzehn Umorganisationen. Leute wurden von einer Abteilung in die andere versetzt oder in Tochterunternehmen versteckt.« Semi holte tief Luft. »In kürzester Zeit gab es drei Todesfälle von leitenden Mitarbeitern Ihres Konzerns.«

»Herr Brandt, bitte werden Sie nicht polemisch«, rief Wiese. »Ist Ihre Frage von öffentlichem Interesse …?«

»Ich bin mal bösartig. Der Text der Todesanzeige ihres ehemaligen Mitarbeiters Karl Krapps wurde von der Titanus bewusst nebulös formuliert.«

In dem Moment, als der Name Krapps fiel, fing Rellinger an zu zittern. »Hören Sie mit Ihren Unterstellungen auf. Das ist kein guter Journalismus«, blaffte er Brandt an. Er trommelte mit den Fingern auf die Tischplatte. Das Mikrofon verstärkte das Trommeln.

Semi Brandt wartete einen Moment. Er ignorierte Rellinger. Sah Wiese herausfordernd an. Vorbei war es mit dessen Lässigkeit. Mit einem Schlag war sie dahin, die zur Schau gestellte Eintracht der Männer vom Vorstand. Westler polterte los: »Sie sagen es. Sie formulieren bösartig.«

Dieser spröde Zahlenmensch zeigt Emotionen, dachte Brandt. Darauf hatte er gewartet. Er holte zum nächsten Schlag aus: »Was glauben Sie, Herr Westler, hat diesen Andrang, dieses Aufgebot an Reportern bewirkt? Ihre Informationspolitik bezüglich der Versicherungssparten?«

Westlers schwammiger Körper blähte sich auf. Er gestikulierte mit der Hand. Donnerte: »Das ist kein seriöser Journalismus. Es geht Ihnen nicht um eine konstruktive Kritik!«

Vogelsang, der diesem Schlagabtausch bisher eher abwartend verfolgt hatte, sagte: »Sie verallgemeinern. Herr Krapps war ein bedauerlicher Einzelfall.« Er lächelte süffisant und ergänzte: »Sie sollten sich ein Beispiel an den seriösen Medien nehmen.«

»Unterschätzen Sie nicht den investigativen Journalismus«, konterte Brandt. »Sie verschweigen Fakten. Das ist doppelbödig, wie die Titanus bei Skandalen reagiert, meine Herren.«

Semi Brandt stand auf. Im Hinausgehen hörte er Gemurmel. Von Schweinerei, mieser Schreiberling, Boulevardjournalist, mutiger Kerl, bis ›der traut sich was‹, war alles zu hören.

Semi war sich sicher. Er hatte die Schlagzeile. Morgen als Aufmacher auf der ersten Seite.

Der Sohn

Frau Kröger öffnete die Tür von Seegers Büro. »Herr Bassinger junior.«

»Prima, soll hereinkommen«, antwortete der Anwalt. Er erhob sich. Ging rechts um den Schreibtisch herum. Hans Bassinger trug eine graublaue Kombination mit einer fein gemusterten grauen Weste. Zum weißen Hemd einen einfarbigen blauen Querbinder. Er ergriff die Hand von Seeger. »Bitte, nehmen Sie in der Besucherecke Platz. Sind Sie mit dem Auto gekommen?«

»Mit den öffentlichen Verkehrsmitteln. Ich wusste nicht, ob man hier parken kann. Am Theodor-Heuss-Ring ist es zur Geschäftszeit schwierig, einen Parkplatz zu finden. Die U-Bahn-Station Ebertplatz ist ideal.«

Frau Kröger servierte Kaffee. Sie stellte die Tassen sowie die silberne, bauchige Thermoskanne auf den Besuchertisch.

»Ist Ihnen ein Mineralwasser lieber?«, fragte der Anwalt.

»Nein, Kaffee ist in Ordnung.«

»Ich nehme ein Wasser. Danke, Frau Kröger.«

Er wandte sich dem Besucher zu. »Was macht das Jurastudium?«

»Es läuft. Die Klausuren sind geschrieben. Das Wintersemester endet.«

»Und privat?«

»An der Uni ist meine Familie kein Thema. Bei den Massen an Studenten. Darüber hinaus nennen wir uns alle beim Vornamen. Den Nachnamen kennen die wenigsten. Das ergibt eine Anonymität. Seltsam, nicht wahr?«

»Und im familiären Bereich?«

Seeger bemerkte, wie zögerlich Hans die Kaffeetasse nahm. Wie er vorsichtig trank, sie behutsam zurückstellte.

Hans erklärte: »Im familiären Bereich? Was ist das für eine Frage! Wir, meine Schwester Ellen und ich, versuchen unsere Mutter, so gut es geht, zu schützen. Wissen Sie, Herr Dr. Seeger, es sind solche gravierenden Einschnitte, die eine Neubewertung erfordern. Ich konnte mit unserer Mutter gut. Meine Schwester, sie war der Rebell. Sie stand in offener Konkurrenz zu ihr.«

Was für ein Klugscheißer, fand Seeger. Warum tue ich mir das an! »Hat sich das gelegt?«

»Am Anfang war Ellen nur wütend. Nach und nach bereit, zuzuhören und zu verstehen.«

»Was zu verstehen?«

»Wie es zu der Tat gekommen ist.«

Jeder Satz, jede Frage wirkte auf Seeger befremdlich. Hans sah ihn an. Wartete auf die nächste Frage.

Der Anwalt sagte: »Kommen wir zu Karl Krapps. Wie war er in Ihre Familie eingebunden? Ist Ihnen etwas aufgefallen?«

Wieder nahm Hans behutsam die Kaffeetasse. Er verschaffte sich eine Gedankenpause.

»Onkel Karl? Ein Mittfünfziger. Im perfekt sitzenden Anzug. Immer im Trend. Richtig, richtig gut. Anders als seine Kollegen. Die trugen gedeckte Anzüge. Braune oder beige Töne waren die Ausnahme. Die Krawatten! Keine davon modisch. Diese dicken Krawattenknoten. Selbst im Hochsommer.«

Der Anwalt merkte, wie sein Gegenüber bei der Schilderung einen Kugelschreiber umklammerte. Was sollte diese ausschweifende Schilderung? Was bezweckte der Junge? Wollte er nur etwas loswerden?

»Herr Bassinger, Sie besitzen eine gute Beobachtungsgabe.«

Hans zuckte mit den Schultern. Lächelte.

»Krapps trat auf wie ein Mitglied des Konzernvorstandes. Dieses antrainierte Auftreten, das jugendliche Dynamik vortäuschen sollte. Er beherrschte den Raum. Seine Anwesenheit lief auf eine Vereinnahmung hinaus. Er, er hatte das Zeug dazu.«

»Wozu?«, fragte Seeger.

»Zu einem Vorstandsmitglied. Die Lügen, die wir später entlarvt haben. Sie zeigten seine Intelligenz und Gerissenheit. Er pokerte hoch. Täuschte uns alle, wusste seinen Vorteil zu nutzen.«

Seeger analysierte: »Meinen Sie die Intelligenz des Bösen? Nennen Sie mir bitte Beispiele.«

»Onkel Karl verachtete die kleinbürgerliche Moral. Wissen Sie, verlässlich, ordentlich, seriös, das passt gut zu den Versprechungen der Versicherungsunternehmen. Sie wiegen die Versicherungsnehmer in Sicherheit. Die Vorstände verdecken ihr Handeln nach Gutdünken. Hantieren mit den Prämien der Kunden, als sei es ihr Geld. Dieses von der Laufzeit ihrer Vorstandsverträge abhängige kurzfristige Denken. Gemeinsam war ihnen ihre Arroganz. Sie pflegten ihre Vorurteile.«

Warum verliert er sich in nicht enden wollende Monologe? Ein Schwätzer? Selbstverliebt in seine Worte?

»Ein flammendes Plädoyer, Herr Bassinger. Gibt es nicht eine Selbstverpflichtung der Assekuranz?«

»Die gibt es. Entscheidend ist, ob sie eingehalten wird.«

Der Kugelschreiber von Hans zerbrach. Beide starrten auf die Teile, die sich auf dem Tisch verstreuten.

»Entschuldigung«, murmelte Hans.

»Macht nichts. Ihr Vater? Wie sah er das alles?«

»Er erlebte sich als Opfer. Die Familie half ihm nicht.«

»Das ist allgemein gesprochen.«

»Ich kann es drastischer formulieren. ›Ich will nicht zum Firmentrottel werden‹, sagte mein Vater oft.«

»Er hätte den Kontakt zu Karl Krapps meiden, zumindest einschränken können.«

»Das hat unsere Mutter nicht zugelassen.«

»Wie meinen Sie das?«

»Sie teilte Onkel Karls Verachtung für die Spießer. Das war die Ebene, die ihr gefiel.«

Nicht mein Eindruck, dachte Seeger. Was wird das? Er belastet seine Mutter!

Hans nahm einen Schluck Kaffee. Seeger beobachtete, wie die Tasse vibrierte. Er stellte sie vorsichtig zurück. Sah Seeger ruhig an. Fuhr mit sanfter Stimme fort: »Karl Krapps und meine Mutter schafften es, dass es nie ein Erstarren gab. Nie eine Bequemlichkeit. Ellen und ich haben uns nicht wohlgefühlt.«

Diese Sprache. Ähnelt sie meiner? Ist das so bei uns Juristen? Dieses Abwägen von Worten, die jeden Satz bedeutungsvoll erscheinen lassen sollen!

»Erklären Sie mir das bitte.«

Hans hatte seinen Arm über die Stuhllehne gelegt. »Es fand immer etwas statt, was uns im Atem hielt. Oft unausgesprochen. Begebenheiten, die wir nicht zuordnen konnten. Die im Nachhinein unsere Biografie beeinflusst haben. Ich, vielleicht … nein es waren die Dinge, die von außen willkürlich für die Unterbrechung sorgten. Dank Onkel Karl. Heute vergleiche ich es mit einer Treppe. Meine Eltern stehen oben und kommen die Stufen herunter. Wir, meine Schwester und ich, stehen unten und gehen nach oben. Unsere Eltern verstellen uns den Weg. Wir können die nächste Stufe nicht erklimmen.«

Seeger dachte: Diese Sätze! Überlegt und kontrolliert. Sie entsprechen nicht seinem Alter. Es fehlt jeglicher Ausdruck von Lebensfreude. Wo ist die jugendliche Spontaneität? War ich damals auch so?

Hans sammelte sich. »Meine Schwester, die musste schnell erwachsen werden.«

»Und Sie selbst?«

»Ich? Ich fühlte mich für meine Familie verantwortlich.«

»Zurück zu Ihrem Vater. Wie verhielt er sich?«

»Verhalten, skeptisch. Andererseits ließ er sich von Onkel Karl mitziehen, als wollte er sein wie er. Alles, was ihm fehlte, was er nicht verkörperte. Ein Verbündeter.«

Hans blickte zu Decke. Senkte langsam seinen Kopf. »Nehmen wir zum Beispiel den Weinkeller bei der Titanus. Ein Symbol der Macht, der Abgrenzung des Vorstandes von den sonstigen Mitarbeitern. Onkel Karl brachte einige Flaschen mit. Sie tranken den Wein aus dem Weinkeller der Titanus. Jenen, der für den Vorstand reserviert war.« Sein sachlicher Tonfall wechselte ins Ironische. »Besondere Tropfen. Mit dem Wein fühlten sie sich wie der Vorstand und zogen über die anderen her. Karl stichelte und unser Vater, er nahm mehr die passive Rolle, die des Zustimmenden ein.«

Es entstand eine Pause. Sie sahen einander an. Jeder in Gedanken versunken.

»Der Weinkeller am Johannes-Giesberts-Park«, ergänzte der Anwalt, »ein überflüssiger Kostenträger, wenn ich an die Lagerung und das nötige Personal denke.«

»Nichts Außergewöhnliches. Es gab andere …«, Hans suchte nach Worten, »andere Besonderheiten bei der Titanus, von denen unser Vater berichtete. Erfolgreiche Sportler wurden als Angestellte oder Vertreter mit einer monatlichen Garantie verpflichtet. Um aus diesen Kreisen an Versicherungsabschlüsse zu kommen. Eine Idee, die andere Branchen auch hatten. Es entstand ein Wettlauf«, erklärte er süffisant. »Ob sich diese Verpflichtungen unter dem Gesichtspunkt der Wirtschaftlichkeit lohnten? Zumindest kurzfristig, wie uns unser Vater erklärt hat. Es gab Freikarten für Sportwettkämpfe. Fotos mit den Siegern im Hausmagazin schufen ein Bild von Weltläufigkeit und dem Mäzenatentum der Titanus. Das gefiel dem Vorstand. Richtig, richtig gut.«

»Das betrachte ich unter dem Gesichtspunkt von Werbung«, brummte Seeger.

Hans ließ sich nicht beirren. »Das weitete sich aus. Künstler wurden verpflichtet und großzügig finanziell oder durch die Einrichtung eines Ateliers, gefördert. Das Ganze mündete in eine Kulturstiftung. Bezahlt wurde das später mit schlanken Strukturen im Konzern und cleveren Produkten, die zulasten der Mitarbeiter gingen.« Hans bekam hektische rote Flecken. Meinte: »Das wollen Sie nicht hören, Herr Dr. Seeger. Sie möchten vielmehr Fakten, Details, die meine Einschätzung untermauern, dass Karl Krapps die treibende Kraft hinter all dem war, was meinem Vater zugestoßen ist. Onkel Karl schaffte es, Menschen zu überzeugen, ohne ehrlich zu sein.«

Endlich, urteilte Seeger. Der junge Bassinger besinnt sich auf Krapps.

»Ja?«

»Diese Schießübungen mit den alten Militärwaffen. Immer wieder erwähnte Onkel Karl die Waffenbrüderschaft ihrer Väter. Das Vermächtnis.«

»Waren Sie bei diesen Gesprächen anwesend oder kennen Sie das nur vom Hörensagen?«

»Wir Kinder waren dabei. Das war ein Thema, das Onkel Karl gerne ansprach. Eines Tages hat er vorgeschlagen, die Funktionstüchtigkeit der Waffe zu prüfen.«

»Die Waffe, mit der Ihr Vater auf die drei Vorstandsmitglieder geschossen hat?«

»Genau die.«

»Karl Krapps hat das vorgeschlagen?«

»Ja, und er hatte die Idee zum Waldspaziergang.«

»Wie haben Sie und die anderen Familienmitglieder reagiert?«

»Unsere Mutter tat das als Männergeschwätz ab. Ellen verurteilte es vehement. Sah ihr Bild des geliebten Vaters infrage gestellt.«

»Und Sie?«

»Ich? Ich konnte es nicht glauben. Bis ich beiläufig von Onkel Karl erfuhr, dass er es ernst meinte. Er brüstete sich, dass sie keine Feiglinge seien. Ich habe versucht, unseren Vater von dieser kindischen Idee abzubringen.«

»Herr Bassinger, ich unterbreche Sie ungern. Haben beide die Waffen ausprobiert? War Karl Krapps die treibende Kraft?«

»Eindeutig.«

»Ich fasse zusammen. Karl Krapps war die treibende Kraft. Aber er und Ihr Vater probierten die Waffen gemeinsam aus.«

»So war es.«

»Einmal oder mehrmals?«

»Mehrmals? Regelmäßig? Daran kann ich mich nicht erinnern.«

»Wer wusste es außer Ihnen? Ihre Mutter? Ihre Schwester?«

»Wenn es nur das eine Mal war, ich. Zufällig bin ich dazugekommen, als sie sich wie zwei kleine Jungen amüsierten. Ein Lausbubenstreich, meinten sie. Heute weiß ich, Onkel Karl instrumentalisierte uns. Richtig, richtig stark. Meine Schwester und ich fragten häufig unseren Vater nach der Pistole. Er wich aus, indem er die Waffe als ein Andenken an Opa verharmloste. Wie Karls Vater hat mein Großvater die Waffe seinem Sohn gegeben.«

»Die zweite Waffe, die von Karl Krapps? Wussten Sie davon?«

»Ich und alle anderen.«

»Tauschten die beiden ihre Waffen, um die Funktionstüchtigkeit zu prüfen?«

»Sie schwärmten, wie sie noch funktionierten.«

»Hm, und Ihre Mutter, war die eingeweiht? Ich meine, wusste sie von dem Schießversuch?«

»Das entzieht sich meiner Kenntnis.«

»Von der Existenz der Pistole wusste sie?«

»Exakt.«

»Und von dem Aufbewahrungsort?«

»Das weiß ich nicht. Wir Kinder wussten es nicht. Warum fragen Sie?«

»Ich bin mir nicht sicher. Ich werde meine Aufzeichnungen, die ich im Zusammenhang mit den Vorbereitungen zur Verteidigung Ihres Vaters gemacht habe, durchsehen. Gibt es weitere Begebenheiten?«

»Im Moment nicht.«

»Falls doch, rufen Sie mich bitte jederzeit an.«

Der Anwalt schob seine Visitenkarte über die Tischplatte. Hans nahm sie und drehte sie um. Er starrte gebannt auf die unbedruckte Rückseite. Seeger beobachtete es irritiert.

»Möchten Sie mir etwas sagen?«

»Unter den persönlichen Sachen unseres Vaters befand sich Ihre Visitenkarte.«

»Verständlich! Ich hatte sie ihm gegeben.«

»Das ist klar. Nur, auf der Rückseite waren die Worte geschrieben: *Karl und Karneval* sowie *zweite Waffe*. Daran erinnere ich mich gerade.«

»Wissen Sie, was er damit sagen wollte?«

»Nein. Es muss für ihn wichtig gewesen sein. Er benutzte Ihre Visitenkarte. Die Nachricht war für Sie bestimmt. Wissen Sie nichts davon?«

»Nein, mysteriös«, murmelte Seeger.

Hans zuckte die Schultern. Nestelte seine Brieftasche aus der Jacke hervor. Legte sie auf die Tischplatte und entnahm ein Blatt gelbliches Papier. Er strich es glatt und erklärte:

»Bevor ich zu Ihnen gekommen bin, habe ich einen Ausspruch von Kierkegaard gelesen.«

Er sammelte sich und las halblaut: »Verstehen kann man das Leben nur rückwärts. Leben muss man es vorwärts.«

Seeger grübelte, höre ich da einen früh gebrochenen Mann, der sich über sein Wissen definieren muss? Zumindest ist er nicht der Starke in der Familie, als den er sich sieht.

Hans hob seinen Kopf und lächelte entschuldigend. Steckte den Zettel und die Visitenkarte in die Brieftasche und verstaute sie in seinem Jackett.

Seeger räusperte sich: »In der Tat. Das trifft es gut. Sie verblüffen mich. Ich danke Ihnen. Das Gespräch war hilfreich und erhellend für mich.«

»Herr Dr. Seeger, ich habe mich bei Ihnen zu bedanken.«

Hans war sichtlich geschmeichelt.

Später schrieb Seeger:

Krapps – Charaktereigenschaften (Täuschung – strategischer Vorteil)
Die Eltern auf den Stufen
Schießübungen (funktionierten beide Pistolen?)
Visitenkarte (Karneval / zweite Waffe)

Susannes Plan

Elf Wochen vorher – nachmittags. Sie befanden sich in Höhe der Orangerie. Susanne studierte Lores Gesicht. Es glich einer starren Maske, beherrscht nach diesen brutal ehrlichen Einblicken. Warum erzählt sie mir das alles?, dachte Susanne. Testet sie mich? Ist es an der Zeit, sie mit meinen Plänen vertraut zu machen? »Die Gartenanlage gilt als eine der bedeutendsten Schöpfungen französischer Gartenkunst«, nahm sie das Gespräch auf. »Das habe ich in einer dieser Beschreibungen gelesen.«

Sie beobachte die Wirkung ihrer Sätze.

Lores Gesichtszüge entspannten sich. »Johann war mehr vom Schloss angetan. Ich erinnere mich, wie er Bildbände über das Schloss Brühl anschleppte.«

»Johann war etwas Besonderes«, erklärte Susanne. »Seine Offenheit für das Andere. Die Fähigkeit, seine Person infrage zu stellen. Immer mittenmang. Das sag' ich Ihnen.«

»Mittendrin. Das war er. Definitiv.«

»Anders Krapps.« Mit diesen Worten tastete sich Susanne langsam an ihr Thema heran. Sie musterte Lore. Das Leid macht ihre Gesichtszüge interessant, stellte sie fest.

»Ein mittelmäßiger Mensch, der sich als etwas Besonderes fühlt«, erwiderte Lore.

»Ein Narzisst?« Susanne forschte in Lores Gesicht. Entdeckte keine Veränderung der Mimik.

»Heute meine ich, er ist ein Narzisst«, erklärte Lore. »Er kreist selbstverliebt um sich. Wittert er Profit, kann er Gefühle vortäuschen. Mehr noch, er entwickelt den Charme eines Psychopathen. Seine Mittel, mit denen er arbeitet, sind Angst, Wut und Hass. Das Gefühl der Machtlosigkeit des Einzelnen. Sie erschöpft sich in Wut.«

Susanne stutzte. Warum sagt sie mir das? Gerade jetzt?

»Es geht hier nicht um Wut. Nicht um Enttäuschung oder Verachtung. Es geht um Recht. Es geht um Gerechtigkeit. Wir müssen nicht die Knöchelchen suchen, wie bei den Märtyrern«, erklärte Susanne.

Lore nickte.

»Diese kultivierten Flegel von der Titanus. Nichts im Kopf«, ereiferte sich Susanne.

»Distanzlos. Definitiv.«

»Es triumphiert, wer sich am schamlosesten und lautesten über die Normen hinwegsetzt.«

»Von welchen Normen sprechen Sie?«

»Kapitalismus«, schleuderte Susanne heraus und holte Luft. »Das ist ein Krieg. Ein harter. Es gibt keinen Idealismus mehr. Und so was von.«

»Was schlagen Sie vor?«

»Das sag' ich Ihnen. Ich will nicht so weitermachen wie bisher.«

»Definitiv.«

»Wir haben es mit einer Krise zu tun«, sagte Susanne. »Furcht, Ärger, Ohnmacht. Man muss sich klar machen, was das bedeutet.«

»Worauf wollen Sie hinaus?«

»Ein schöpferischer Prozess ist nur mit der Angst möglich. Es braucht die Angst, es braucht die Krise. Lebenskrisen werden zu Lebenschancen. Schicksalsschläge, wie der Tod von Johann. Es gibt ein Vorher und ein Nachher.« Susanne stockte. Dachte: Versteht sie mich?

»Seltsam«, kommentierte Lore. »Ich, ich teile mein Leben in das vor und das nach dem Tod von Johann ein.«

Jetzt hab' ich sie, stellte Susanne fest und legte nach: »Krise ist eine Veränderung im Sinne der Zuspitzung. Die Bedeutung der Angst wird klar. Sie entscheidet darüber, ob der Mensch in der Krise blockiert ist. Ein unvorhersagbarer Moment der Einsicht, ein Gedankenblitz überfällt uns: So könnte es gehen. Es wird deutlich, dass uns im richtigen Zeitpunkt etwas einfallen wird. Vorausgesetzt, wir können mit der Angst umgehen. Ist eine Lösung gefunden, muss sie geprüft werden. Ich streng' mich an. Soll mir schon gelingen.«

»Sie setzten sich mit den Krisen auseinander. Haben viel darüber gelesen. Das entnehme ich Ihren Ausführungen, Susanne. Fast wissenschaftlich. Erstaunlich. Nur, machen Sie es sich nicht zu leicht?«

»Nö, es half mir bei der Bewältigung meiner Krisen.«

»Wollten Sie das mit mir besprechen? Ich sehe das anders. Definitiv. Wichtig ist mir, dass ich neue Entwicklungen erkenne und mich nicht vor ihnen verschließe.«

Wieder stutzte Susanne. Warum sagt sie mir das? Ich muss das Thema wechseln. Mich von meinem einstudierten Text lösen. Laut sagte sie: »Er darf nicht davonkommen. Ich will Karl Krapps mit seinen eigenen Waffen schlagen. Nach meinen Regeln. Ich bin weg vor Aufregung, wenn ich daran denke.«

Susanne wartete die Wirkung ihrer Worte ab. Lore reagierte nicht.

»Ich fahre eine Doppelstrategie. Gezielt sollen die Informationen nach innen und außen gestreut werden. Ich lasse noch ganz andere Personen aufleben!«

»Verstehe ich nicht. Was meinen Sie?«

»Einzelheiten? Später. Schaffen wir erst einmal ein Netzwerk.«

»Das der Betroffenen«, ergänzte Lore.

»Das kriegen wir hin. Alles kriegen wir hin. Sind Sie dabei?« Susanne starrte Lore an. Sie hielt den Blick fest.

Die Reaktion

Ein lockeres Gespräch bei einem kleinen Imbiss mit den Vorstandmitgliedern der Titanus, das ließen sich etliche Reporter nicht entgehen. Dazu Neuigkeiten, Einschätzungen aus erster Hand. Zuvor hatte es kritische Fragen der Journalisten gegeben. Zum Eklat von Semi Brandt schwankten die Meinungen.

Die Vorstandsmitglieder wechselten von Stehtisch zu Stehtisch. Wiese wiegelte ab. »Wir sollten dem Vorfall keine große Bedeutung beimessen.« Damit ließ er alles offen.

Nicht dagegen Westler. »Wir werden das im kleinen Kreis erörtern, okay«, verkündete er wichtigtuerisch.

Er stand noch nicht lange in der ersten Reihe. Das erkannten die Reporter und nutzten es aus. Dieser Mix aus Macht, Ehrgeiz und Eitelkeit ließ ein Gespür für das Machbare vermissen. Seine Reaktion zeigte allen, dass ihn die Kritik der Medien sehr verletzt hatte.

Vogelsang hatte sein Jackett abgelegt. Redete von gegenseitigem Respekt und dass manche Auseinandersetzungen ausgetragen werden müssten. Er verwies auf die Aussagen der Geschäftsleitung und spulte Phrasen ab wie: »Wir müssen uns auf das Kerngeschäft konzentrieren. Wir müssen uns breiter aufstellen.«

Rellinger hielt sich vornehm zurück. Suchte den Schulterschluss mit Clausenthal. Der durfte den Reportern bereitwillig seine bisherigen beruflichen Erfolge bei den Konkurrenzunternehmen schildern. Befragt nach künftigen Veränderungen im Konzern, wich er aus. Meinte oberflächlich: »Ich bin so stark wie mein Team. Alle Probleme gehen wir gemeinsam an.«

Von diesen Allgemeinplätzen ließen sich die Wirtschaftsjournalisten nicht beeindrucken. Sie entdeckten, dass er viel sprach und schlecht zuhörte. Befragt nach Einzelheiten, erklärte er: »Wir werden das Geschäft mit den Wohngebäudepolicen aufgeben. Ferner wird zu prüfen sein, ob wir nicht mehr Selbstbehalte in den

Tarifen einführen. Auf keinen Fall werden wir künftig Policen um jeden Preis anbieten, nur um neue Kunden zu gewinnen.«

Jede seiner Aussagen unterstrich er mit einer energischen Bewegung der rechten Hand. Die linke steckte die ganze Zeit über in der Hosentasche.

Rellinger umging Details, indem er beschied, jede Sparte sei nach ihrem operativen Gewinn zu gewichten. Einen Stellenabbau verneinte er.

Offen blieb für alle die Frage, wie der Konzern auf den Eklat, den der Kollege verursacht hatte, reagieren würde. Viele vermuteten, dass die Rechtsabteilung eine Strategie ausarbeiten würde.

Das Telefonat

Semi nahm unwillig den Telefonhörer ab. Er war mit dem Geschäftsbericht der Titanus beschäftigt. Saskias Stimme flötete: »Semi, in der Leitung ist eine Frau. Sie nennt ihren Namen nicht. Meint, dass das, was sie zu sagen habe, dich interessieren würde.«

»Das meinen alle. Was sollte das sein?«

»Informationen über die Titanus.«

»Das passt. Ich übernehme das Gespräch.«

Mit gesenkter, männlicher Stimme meldete er sich. Wartete einen Moment und bemerkte: »Ich habe Ihren Namen nicht verstanden.«

»Den habe ich nicht genannt.« Es war eine angenehme, warme Frauenstimme.

Sie ist nicht darauf hereingefallen, dachte Semi.

»Entschuldigung. Bevor wir weiterreden, sagen Sie mir bitte Ihren Namen.« Er suchte mit der linken Hand ein Blatt Papier und einen Kugelschreiber.

»Mein Name tut nichts zur Sache.«

»Es geht um die Titanus-Versicherung?«

»Ja.«

»Hören Sie, anonyme Informationen erhalte ich täglich. Ich möchte wissen, mit wem ich es zu tun habe.«

»Interessiert es Sie, eine Quelle vor Ort zu haben? Eine, die kräftig sprudelt?«

»Warum sollte es mich interessieren?«

»Ich hörte von Ihrem Auftritt in der Bilanzpressekonferenz.«

»Deshalb rufen Sie mich an?«

»Nein. Weil Sie die Machenschaften der Führungsriege des Konzerns aufdecken wollen. Ihr Auftritt bei besagter Bilanzpressekonferenz war doch nur der Auftakt. Oder irre ich mich?« Bevor er antworten konnte, erklärte sie energisch: »Brechen wir die Macht der Armseligen!«

»Unbekannte, Sie haben mich an der Angel. Klären wir am Telefon das gemeinsame Vorgehen ab?«

»Können Sie morgen um elf Uhr in die Kirche Sankt Georg kommen?«

»Die romanische Kirche am Waidmarkt?«

»Genau. Sie finden mich rechts auf dem Friedhof. Er wirkt wie ein Kreuzgang. Ist nicht zu verfehlen.«

»Ich versuche, es einzurichten.«

»Einen zweiten Versuch gibt es nicht.« Sie legte auf.

Sami sah gedankenverloren auf das leere weiße Blatt. Dann durchzuckte es ihn. Die Macht der Armseligen. Ein toller Titel für die Story. Für jede Fortsetzung, sofern es die Berichte der anonymen Informantin hergaben.

Am nächsten Tag fuhr Semi von seiner Wohnung am Hansaring zum Waidmarkt. Er parkte den Mazda in der Georgstraße. Er war eine halbe Stunde zu früh. Zeit, die dreischiffige romanische Basilika auf sich wirken zu lassen. Eine der zwölf in Köln. Unscheinbar gegenüber dem ehemaligen Gelände der Kriminalpolizei gelegen. Hat was, dachte er. Behutsam näherte er sich der Kirche. Hielt inne bei den bunten Glasfenstern. Er sah auf die Armbanduhr. Es war kurz vor elf Uhr. Er nahm den Eingang des ehemaligen Immunitätstors im Süden. Schob das Gitter zur Seite. Durchschritt den Torbogen mit den zwei Büsten und betrat das Gebäude.

Seine Augen mussten sich an die Dunkelheit gewöhnen. Er orientierte sich, indem er nach rechts und links sah. Im Ostchor, unter der Rekonstruktion des Georgkruzifixes, stand eine Frau. Eine weitere vor dem Hauptaltar aus weißem Marmor. Er schlenderte durch das Querschiff. Blieb interessiert vor dem Triptychon stehen. Betrachtete fasziniert den Mittelteil, die Beweinung Christi. Er schaute auf den rechten Flügel, mit dem Bild der Auferstehung, und bemerkte einen Mann. Der blickte ihn kurz an. Nickte. Semi sah, wie er sich kraftlos dem Ausgang zubewegte. Er zog sein linkes Bein nach.

Wahrscheinlich die Folgen eines Schlaganfalls. Woher kenne ich ihn? Seine Gedanken wurden unterbrochen durch den Widerhall schneller Schritte.

Er drehte sich um. Stand mit dem Rücken zum Triptychon, links vom Altar. Es war eine der Frauen. Ihre Blicke kreuzten sich für Sekunden. Ihrer war kalt und abschätzend. Er schaute ihr nach. Ihr langer schwarzer Mantel schwankte in kurzen Stößen von links nach rechts. Gab ihrem Gang etwas Unwirkliches. Sie hastete zum Ausgang. Dort schlug gerade die Tür zu, durch die der Hinkende verschwunden war. Semi suchte nach der zweiten Frau. Er schlenderte zum Hauptaltar. Der war verwaist. Er ging suchend das Innere ab. Entdeckte sie außerhalb auf dem Friedhof. Sie lehnte an einer der in die Wände eingelassenen Säulen und betrachtete die Grabsteine des Innenhofes. War sie seine Informantin?

Doppelte Strategie

Zwei Wochen nach der Begegnung mit der Sahlenburg in Brühl saß Lore in ihrem Schlafzimmer vor dem Spiegel der Kommode. Die tiefen Linien in ihrem Gesicht spiegelten die Anspannung der letzten Wochen wider. Sie schloss für einen Moment die Augen. Dachte an Seegers Art. Bei ihm fühlte sie sich geborgen. Eine Vertrautheit, die mit jedem Zusammentreffen wuchs. Sagt man Gedankengleichheit? Von Gedankenübertragung hatte sie gehört. Gelächelt und mit einem Kopfschütteln kommentiert. Gedankengleichheit? Mit derlei Ideen konnte Lore sich anfreunden. Dieses Gefühl. Mit Zärtlichkeit dachte sie an seine Geste, wenn sie ihn bei einer Verlegenheit, einer Schwäche ertappte. Wie er sich, gleich einem Schuljungen, mit der rechten Hand über die Narbe unterhalb des rechten Mundwinkels strich. Ein liebenswertes Spiel. Ganz anders Karl Krapps. Verdammt, kein Vergleich. Der hatte sie ausgenutzt. Bei Rainer Seeger wollte sie diesmal gewinnen.

Sie beschloss, ihre cremefarbene Seidenbluse anzuziehen, und verzichtete auf den Büstenhalter. Sie nestelte in der offenen Schmuckkassette. Zog zwei Ketten heraus. Eine goldene Ankerkette und eine breitere aus roten Halbedelsteinen. Nein, keinen Schmuck, fand sie. Die Bluse sollte wirken. Sie wollte ihn spontan aufsuchen. Nur, um einige Worte mit ihm zu wechseln. Ihm von ihren schweren Nachtträumen, mit denen sie seit Johanns Tod kämpfte, erzählen.

Lore parkte ihren Wagen in der Parknische vor der Baukunst-Galerie am Theodor-Heus-Ring. Blickte auf das rote Haus auf der gegenüberliegenden Straßenseite. Sie ging in den Park. Auf der Bank am Weiher saß ein Liebespaar, das stumm und ergriffen auf das Wasser starrte. Einen Moment betrachtete sie die beiden. Seufzte. Sie erinnerte sich, wie sie Karls Hand ergriffen hatte, als sie nebeneinander auf dem Sofa gesessen hatten und Krapps unmissverständlich erklärte, dass er für diese Gefühlsduselei nicht zu haben sei. Worte wie Eis!

Unwillkürlich zog sie den Mantel enger an ihren Körper. Sie beschleunigte ihre Schritte. Eilte auf das rote Haus zu.

Ein neuer Farbanstrich der Fassade würde diesem nachgedunkelten Rot gut tun. An was ich alles denke! Sie schüttelte den Kopf.

Vor dem Eingang nahm sie zwei Treppenstufen auf einmal. Sammelte sich. Drückte den Klingelknopf an der Tür und wartete auf das Summen des Türöffners.

Frau Kröger sah sie erstaunt an, als sie das Sekretariat betrat. »Ich habe keinen Termin vorgemerkt«, meinte sie entschuldigend. »Herr Dr. Seeger ist bei Gericht. Soll ich ihm etwas ausrichten?«

»Nein. Ich war in der Nähe. Mein Wagen steht auf der anderen Straßenseite.«

Der forschende Blick der Sekretärin irritierte sie.

»Sie hätten anrufen sollen.«

»Es war ein spontaner Entschluss. Ihnen einen schönen Tag.«

»Danke, Ihnen auch. Warten Sie, Frau Bassinger. Zeit für eine Tasse Tee? Er ist frisch aufgebrüht. Trinken Sie eine mit?«

»Gerne.«

Lore setzte sich auf den zweiten Bürostuhl des Sekretariats. Frau Kröger holte aus der kleinen Küche eine zweite weiße Porzellantasse und stellte sie auf die Schreibtischplatte. Lore rückte mit dem Stuhl heran.

Die Informantin

Semi näherte sich der Frau, die, wie zufällig, an einer der angedeuteten Säulen des Innenhofes von Sankt Georg lehnte. Zierlich, zerbrechlich wirkte sie. Ihr Gesicht war ungeschminkt. Auffällig waren ihre langen, schwarzen Haare, die unnatürlich glänzten. Eine Perücke, durchzuckte es ihn. Unter ihrem offenen, dunkelblauen Mantel trug sie ein graues Kleid mit weißen Knöpfen. Er schätzte sie auf Mitte fünfzig.

Sie taxierte ihn mit einem abwägenden Blick.

»Wir haben telefoniert?«, fragte Semi.

Sie sah ihn an. Atmete gleichmäßig.

»Semi Brandt von *Köln aktuell*.«

»Sprechen wir leise«, wisperte sie. »Bitte, weisen Sie sich aus!«

Semi zeigte seinen Presseausweis. »Und Ihr Name?«

»Tut nichts zur Sache.«

»Ich möchte wissen, mit wem ich es zu tun habe. Das habe ich Ihnen in unserem ersten Telefonat erklärt«, sagte Semi.

»Ich nenne Ihnen einen Namen am Ende unseres Gesprächs.«

»Ihren wirklichen?«

Sie blieb ihm die Antwort schuldig.

»Gut. Ich entscheide am Ende des Gesprächs, ob das Interview veröffentlicht wird. Erlauben Sie, dass ich das Gespräch aufzeichne?« Er zückte sein Diktiergerät. »Welche Motive haben Sie für unser Treffen?«

»Sind Sie an einer guten Story interessiert?«

»Nochmals, Ihre Motive?«

»Sie wissen vom Tod Johann Bassingers?«

»Ja.«

»Grund genug?«

Semi nickte.

»Das erspart mir Einzelheiten. Sag' ich mal. Gehen wir ein paar Schritte.«

Er hielt sich rechts von ihr, als sie den Rundgang aufnahmen.

»Eine Frage vorab. Vor Ihnen verließ eine Frau die Kirche. Gehören Sie zusammen?«

»Vielleicht«, wich sie aus.

»Wer war sie?«, hakte er nach.

»Eine der unmittelbar Betroffenen.«

Zwischen ihren Augenbrauen bildete sich eine tiefe Furche.

»Dora Schmitz?«

»Wie bitte? Ich verstehe nicht.«

»Es gab eine Anzeige, die unter Vermischtes erschienen ist. Aufgegeben von einer Dora Schmitz. Eine Reaktion auf die offizielle Anzeige der Titanus anlässlich des Todes von Karl Krapps. Unterzeichnet mit *Die Betroffenen*.«

Semi sah, wie sie unruhig wurde.

»Sie verwendeten soeben dieses Wort.«

»Mutmaßungen.«

»Nein. Ihre Körpersprache verrät Sie, Dora. Wer war die Betroffene, die die Kirche verlassen hat?«

»Ein anderes Mal.«

»Fangen wir an. Johann Bassinger ist tot. Nun Karl Krapps!«

»Die anderen leben. Unbehelligt.« Ihre Unterlippe bebte.

»Meinen Sie die Vorstandsmitglieder? Ist es gekränkte Eitelkeit? Wollen Sie die Großen das Fürchten lehren? Ein Rachefeldzug? Ich bin mir über Ihre Motive nicht im Klaren.«

Mit diesen Fragen versuchte Semi, sie etwas aus der Reserve locken.

Sie konterte: »Sie sind lustig. Ist das nicht auch Ihr Ziel? Nach Ihrem Auftritt bei der Bilanzpressekonferenz. Stark war der. Der traut sich was, hab' ich gedacht.«

»Bestand, wie soll ich es sagen, ein enges, persönliches Verhältnis zu Johann Bassinger?«

»Muss das sein, um einen Menschen wertzuschätzen?«

Mit leicht geöffnetem Mund wartete sie ab. Sah ihn herausfordernd an.

Semi reagierte nicht. Es war ein Kräftemessen.

»Johanns Tod ist ein Fanal. Sag' ich mal.«

»Sprechen wir über den Toten.«

»Johann wurde vom Opfer zum Täter. Für alle sichtbar. Unsichtbar sind die anderen, die innerlich Mörder sind.«

Sie hob ihre Hände.

»Innerlich Mörder? Muss ich das verstehen?« Semi war irritiert.

Sie wirkte geistesabwesend. Es dauerte, bis sie in die Wirklichkeit zurückfand. Energisch erklärte sie: »Beweisen Sie sich und den anderen, was in Ihnen steckt. Seien Sie kein lieber Jung'. Recherchieren Sie, bis das Schweigekartell zerbricht.« Sie zögerte: »Bis wir es zerbrechen.«

»Moral spielt keine Rolle für die Wirtschaftseliten. Im Gegenteil. Sie schaffen permanente Krisen. Das ist bekannt«, erklärte Semi. »Diese Restrukturierungen der Abläufe in der Firma, dieses Outsourcing. Alles Machtmittel.«

Sie sah ihn fragend an.

»Ich formuliere den Text des Artikels«, erklärte er.

»Hab' viel an Kaltschnäuzigkeit und Ignoranz erlebt. So was von.« Sie ballte ihre Linke zu einer Faust. »Ändern wir unseren Rundgang. Gehen wir von links nach rechts«, schlug sie vor.

»Sie benutzen mich«, stellte Semi fest.

»Und Sie mich! Wir haben gemeinsame Interessen.«

»Was immer das heißen mag«, murmelte er.

»Wir überlassen nichts dem Zufall. Die künftigen negativen Presseberichte. Irgendwann werden die Aktionäre nervös.«

»Die Banken und der Markt registrieren die Stimmung schnell. Als Investor ist die Titanus nicht mehr gefragt. Der Vertrauensverlust unter den Kunden und in der Öffentlichkeit nimmt zu«, führte Semi ihren Gedanken weiter.

»Das unsichtbare Gut. Das Leistungsversprechen.« Ihre Stimme wurde hektisch. »Produktionseinbrüche. Die Bonifikationen sind gefährdet. Die Stimmung kippt. Richtet sich gegen den Vorstand. Gegenseitige Schuldzuweisungen. Es geht um Geld, Ansehen und

Macht. Da sind sie zu packen; gegenseitig auszuspielen. So was von.«

Ihre Stimme bebte.

»Ein schönes Szenario, das Sie da schildern. Denkbar.«

»Genau.«

»Muss aber nicht so ablaufen«, entgegnete Semi kühl.

Sie atmete durch. Dachte nach und ergänzte: »Die Loyalität. Die Identifikation mit dem Unternehmen schwindet. Eine weitere Front entsteht. Das Betriebsklima. Dann geht's los.«

Semi sah, wie ihr Gesicht glühte. Gönnte ihr eine Pause. Bemerkte: »Unterliegen Sie mit Ihren Mutmaßungen nicht einer trügerischen Hoffnung? Selbst, wenn es genügend Stoff gibt, ich schaffe es nicht auf die erste Seite.«

»Bei Gott. Die dritte reicht. Die Wiederholung ist die Seele der Pädagogik.« Sie lächelte. »Schöner Satz. Nicht von mir.«

Sie verschränke selbstzufrieden ihre Arme vor der Brust. »Geben wir Johann Bassinger seine Würde, seine Ehre zurück. Die Schuld des Konzerns. Daran ändert der Tod nichts. Genau!«

»Soll es eine Serie werden, müssen wir uns auf einen regelmäßigen Termin und Treffpunkt einigen.«

»Jeden Dienstag um sechzehn Uhr hier. Ist ein hübscher Ort.« Es folgte ihr bitteres Lachen.

»Ihr Name? Soll ich Sie weiter Dora Schmitz nennen?«

Semi sah, wie eine leichte Röte das Gesicht seiner Gesprächspartnerin überzog.

»Jo.«

»Warum nicht Ihren Klarnamen?«

»Aus Vorsicht.«

»Ich schütze meine Quellen«, beeilte Semi ihr zu versichern.

»Jetzt ist es gut.«

»Sollte es mit dem Termin nicht klappen, rufen Sie mich an. Ich gebe Ihnen meine Handy- und meine private Festnetznummer.«

»Danke. Ich verlasse die Kirche vor Ihnen, Semi. Bitte, warten Sie fünf Minuten.«

Als sie aus dem Tor trat, blickte sie zum Himmel. Kleine, flache Quellwolken versprachen schönes Wetter. Sie senkte ihren Blick. Entdeckte auf dem gegenüberliegenden Bürgersteig der Georgstraße einen älteren Mann. Der starrte zu ihr herüber. Schien sie mit seinen Blicken zu verschlingen. Sie machte einen Schritt auf ihn zu. Er wandte sich ab. Bog um die Ecke zum Waidmarkt. Er zog sein linkes Bein nach.

Eine Woche später erschien auf Seite drei von *Köln aktuell* der erste Bericht von Semi Brandt.

Titel: *Die Macht der Armseligen*
Untertitel: *Das Schweigekartell*

Ohne Firmenname. Angekündigt wurden mehrere Berichte aus der Versicherungswirtschaft.

Kurze Zeit später erfolgte ein Telefonat zwischen dem Herausgeber des Blattes und dem Leiter der juristischen Abteilung der Titanus. Die Gesellschaft fühlte sich verunglimpft, ohne genannt zu sein. Drohte, im Wiederholungsfall durch eine einstweilige Verfügung die Verbreitung der Zeitung zu stoppen, um die gesamte Assekuranz vor reißerischen Titeln und falschen Tatsachenbehauptungen zu schützen.

Eine Aktion, die sowohl Semi als auch den Herausgeber bestärkten, weiter zu machen. Sie wussten aus Erfahrung, dass solche Drohungen nichts nützen. Bei einem Verbot würden andere Blätter sich auf das Thema stürzen.

Die Vernehmung

Seeger holte Lore Bassinger mit seinem Auto von ihrem Haus ab. Bei seiner Ankunft in der Lohsestraße erwartete sie ihn vor der Haustür. Er verließ den Wagen. Öffnete die Beifahrertür. Sie stieg ein. Er lächelte ihr zu. Sie hatte seine Kleiderempfehlung befolgt. Zu der hochgeschlossenen beigefarbenen Bluse mit einer silbernen Brosche trug sie eine dunkelblaue Hose. Ihre Haare waren hochgesteckt. Den grauen Staubmantel hatte sie über ihren rechten Arm gelegt. Seeger ging um den Wagen, nahm auf dem Fahrersitz Platz.

»Bringen wir es hinter uns«, sagte Lore.

Er steuerte seinen Audi über die Zoobrücke. Nahm die Abfahrt zur Köln-Arena. Bog in den Walter-Pauli-Ring ein. Er stellte seinen Wagen im Parkhaus der Köln-Arkaden ab.

Seeger sah Lore an. Studierte ihre Körperhaltung. Dachte: Eine schöne Frau. Kraft, die von innen ausgeht.

»Wir müssen zum Haus eins.«

Er meldete sich beim Pförtner. »Frau Lore Bassinger zur Vernehmung bei Kriminalhauptkommissar Petersen. Ich bin Rechtsanwalt Seeger.«

Der Pförtner stierte ihn an. Sah auf sein Besucherverzeichnis. Ging mit dem rechten Zeigefinger die Namensliste durch. Sein rotes Gesicht schien zu platzen. Bluthochdruck, folgerte der Anwalt.

Nach einer gefühlten Unendlichkeit nahm er den Telefonhörer. Wählte die Nummer und kündigte die Besucher mit piepsender Stimme an. Lauschte angestrengt. Legte auf und erklärte: »Kriminalhauptkommissar Petersen holt Sie ab.«

Seeger drehte sich zu Lore. Hörte ihr Seufzen.

»Eine reine Routineangelegenheit. Sie sind Beschuldigte«, beschwichtigte er.

Kurze Zeit später kam Petersen. Er gab Lore, danach dem Anwalt die Hand. Setzte ein sanftes Wolfslächeln auf. Zeit für den

Anwalt, Petersen zu betrachten, der eine grüne Krawatte mit weißen Tupfern trug. Die passte weder zu dem blau-weiß gestreiften Hemd noch zum braunen Jackett. Weiter kam er nicht.

»Gehen wir. Nehmen wir die Treppe bis zum ersten Stock. Der Vernehmungsraum ist am Ende des Flurs. Ich gehe voran.«

Der Vernehmungsraum hatte nur ein Fenster. Die Lichtverhältnisse waren dürftig. Um einen alten Holztisch standen vier unterschiedliche Stühle. Die alte Möblierung wirkte zusammengesucht. Aus verschiedenen Büros, mutmaßte Seeger. Ein bedrückendes Bild. Beabsichtigt?

Es roch muffig.

Mit dem Rücken zum Fenster stand ein junger Mann hinter einem der Stühle. Stützte sich auf die Rückenlehne. Seeger fragte sich, warum das Gesicht so fahl wirkte.

Der Kommissar steuerte auf den anderen Stuhl neben dem Mann zu. Wies mit der Linken auf den Unbekannten. »Polizeihauptmeister Dennis Domen. Er hat das Unfallprotokoll aufgenommen.«

Seeger bemerkte, dass Petersen seinen Kopf nicht Domen zuwandte, sondern Lore Bassinger fixierte, als erwarte er von ihr eine Reaktion. Der Kommissar wies auf die freien Stühle und sagte: »Bitte, nehmen Sie Platz.«

Der Anwalt sah seine Mandantin an. Verloren wirkte sie auf dem Stuhl. Sie presste ihre ungeschminkten Lippen aufeinander. Seeger rückte mit dem Stuhl zum Tisch. Stellte seinen abgewetzten, braunen Diplomatenkoffer auf die Resopaltischplatte. Öffnete ihn geräuschvoll und holte die Kopie des Unfallprotokolls hervor. Schloss ihn. Bemerkte, dass die sicherlich identisch sei mit dem Original.

Petersen quittierte die Bemerkung, indem er Seeger kalt aus den graublauen Augen anblickte. Stumm hantierte er an dem Aufnahmegerät. Als er es in Gang gesetzt hatte, nannte er das Datum, die Uhrzeit und die Namen der Anwesenden.

Das Spiel ist eröffnet, dachte Seeger.

Lore blickte ihren Rechtsbeistand unsicher an. Er nickte.

Der Kommissar bemerkte es und holte aus. »Frau Bassinger, das ist der normale Ablauf. Bei einem Verkehrsunfall mit Todesfolge wird automatisch strafrechtlich ermittelt. Das heißt, in dieser Angelegenheit wird die Kriminalpolizei hinzugezogen. Fallen einem Mitarbeiter des Unfallaufnahmeteams zusätzliche Verdachtsmomente auf ...«

»Moment, Herr Petersen«, unterbrach ihn Seeger. »Sie bewegen sich in einem Raum von Spekulationen. Verdachtsmomente? Welche? Und was bedeutet das zum jetzigen Zeitpunkt? Es ist richtig, dass die Kriminalpolizei, in diesem Fall Sie, nach dem Verkehrsunfall ermittelt. Ich verwahre mich jedoch gegen Ihre Bemerkung der zusätzlichen Verdachtsmomente. Soweit sind wir nicht. Den korrekten Verfahrensablauf kennen Sie.«

Der Gemaßregelte guckte grimmig. »Das ist der Grund, dass ich Herrn Domen gebeten habe, bei der Vernehmung dabei zu sein. Ihm sind zusätzliche Verdachtsmomente aufgefallen. Dazu möchten wir die Beschuldigte anhören.«

»Schießen Sie los«, kommentierte Seeger diese Einlassung.

»Frau Bassinger, ist es das erste Mal, dass Sie mit Ihrem Wagen zur Titanus fuhren?« Petersen lehnte sich weit in seinem Stuhl zurück.

»Was soll diese Frage?«, entfuhr es Seeger.

»Frau Bassinger?«

Lore blieb ruhig. »Ich habe meinen verstorbenen Mann gelegentlich von der Arbeit abgeholt.«

»Natürlich. An dem Tag des Unfalls, was machten Sie dort?«

Lore blickt kurz zu ihrem Rechtsbeistand. Der nickte.

»Es ging um die betriebliche Altersversorgung. Man will mir diese nicht zahlen. Ich wollte mit dem zuständigen Abteilungsleiter sprechen.«

»Wieso?«

»Sie meinen, mein Mann habe das Unternehmen geschädigt. Er ist verstorben. Die Voraussetzungen sind gegeben ...«

»Der Name des Abteilungsleiters lautet?« Petersens Wolfslächeln verstärkte sich.

Lore zögerte: »Ostkamp.«

»Hatten Sie einen Termin mit ihm vereinbart?«

»Nein. Ich wollte ihn spontan aufsuchen. Mich nicht abwimmeln oder vertrösten lassen.«

»An einem Freitagnachmittag? Da sind doch längst alle im Wochenende.«

»Ich wusste, dass Ostkamp lange im Büro ist. Das hatte mir mein Mann erzählt.«

»Das war also der Grund. Kann ich nachvollziehen«, warf Petersen ein. »Wie kam es zu dem Unfall?«

»Ich bog von der …, mir ist der Straßenname entfallen. Kurz vor dem Eingangsbereich der Titanus am Johannes-Giesberts-Park lief zwischen zwei parkenden Autos ein Mann auf die Straße. Ich konnte nicht schnell genug bremsen.«

»Es sind dort nur 30 km/h erlaubt. Somit konnte er nicht in einem hohen Bogen auf die Fahrbahn geschleudert werden«, warf Domen unvermittelt ein.

Seeger registrierte den kurzen Blick von Petersen Richtung Domen.

»Das weiß ich nicht. Ich erinnere mich nicht, wie schnell ich gefahren bin.«

»Erkannten Sie den Mann?«

»Definitiv nicht. Der Aufprall. Alles ging wahnsinnig schnell. Ich schlug mit dem Kopf auf das Lenkrad. Als ich zu mir kam, stieg ich aus dem Auto. Sah einen Körper auf dem Straßenpflaster liegen.«

»Was geschah dann?«

»Nach dem Unfall? Ich stand unter Schock.«

»Natürlich.« Petersen setzte sein Wolfslächeln auf. Hielt seinen Kopf ruhig.

»Das hat Ihnen meine Mandantin bereits erklärt«, warf Seeger ein.

»Ihr Kollege«, Lore sah Domen an, »hat mich nach meinen Personalien gefragt. Bei meinem Namen stutze er. Meinte, ob Johann Bassinger mein Mann gewesen sei. Der von der Titanus-Versicherung?«

Domen nickte. Bevor er etwas sagen konnte, erklärte Seeger barsch: »Die Berichte der Boulevardpresse sind bei vielen in Erinnerung. Warum nicht in Sachen Bassinger? *Köln aktuell* hat sich mehrere Wochen lang der Sache des verstorbenen Mannes meiner Mandantin angenommen.«

»Dazu kommen wir später«, entgegnete Petersen kühl. »Sie haben den Toten erkannt?«

»Das weiß ich nicht mehr.«

»Sie haben es zu Protokoll gegeben!«

»Ich kann mich nicht mehr erinnern.«

»Meine Mandantin stand unter Schock.«

»Schockstarre? Die löste sich sichtlich, als zwei Personen fluchtartig den Unfallort verließen«, kommentierte Petersen ironisch. »Und vorher?«

»Vorher?«

»Vor dem Unfall. Waren Sie immer freitags vor dem Hauptgebäude der Titanus-Versicherung oder in seiner Nähe?«

»Warum sollte ich?«

»Zeugen haben einen weißen Mercedes gesehen, der über Wochen freitags in der Nähe des Gebäudes parkte. Einen solchen haben Sie.«

Seeger griff ein. »Meine Mandantin erklärte Ihnen, dass sie ihren verstorbenen Mann von der Arbeit abholte. Somit kannten viele Mitarbeiter das Auto meiner Mandantin. Es gibt viele Fahrzeuge dieser Art. Nannte der Zeuge das Kennzeichen? Gibt es eine Personenbeschreibung? Hat der Zeuge meine Mandantin erkannt?«

»Ich erwähne nur die Aussage …«

»Keine verwertbare Spur«, unterbrach Seeger.

»Frau Bassinger, was sagen Sie?« Der Kommissar setzte erneut sein Wolfslächeln auf.

»Meine Mandantin wird zu keinem der Punkte Stellung beziehen.«

»Zum Tathergang. Unfallzeugen berichteten von der Beschleunigung des Fahrzeugs, das Ihre Mandantin fuhr. Ferner, dass zwei Frauen, die auffällig blau gekleidet waren, sich fluchtartig vom Tatort entfernt haben.«

»Tatsache ist, wir haben es mit einem Verkehrsunfall mit Todesfolge zu tun.« Seegers Ton war kühl und sachlich. »Fragen Sie fünf Zeugen, und Sie erhalten fünf verschiedene Schilderungen des Tathergangs. Stichworte: Aussagegenauigkeit, Glaubhaftigkeit.«

»Das mag in einigen Fällen stimmen, Herr Anwalt.«

Seeger überhörte den ironischen Tonfall. Nahm Petersens lauernden Blick wahr. Meinte knapp: »Meine Erfahrungen aus meiner langjährigen Praxis bestätigen diese Aussage, Herr Petersen.«

Der zog genüsslich die Mundwinkel nach oben. »Keine Regel ohne Ausnahme. In diesem Fall ist es anders. Verschiedene Zeugen berichten unabhängig voneinander von dem Gasgeben und dem hastigen Sich-Entfernen zweier Frauen.«

»Kein Beweis«, erklärte Seeger.

Unbeirrt fuhr Petersen fort: »Ich stelle nur fest. Es war eine junge Person, die davonlief. Eine weitere folgte ihr. Kurz nach der Tat. Ich korrigiere. Kurz nach dem Unfall.«

»Das kann Zufall sein.«

»Sicherlich, Herr Dr. Seeger«, entgegnete Petersen in einem väterlichen Tonfall. »Nur meine Berufserfahrung, nach dreißig Jahren, die sagt mir etwas anderes. An einen Zufall glaube ich bei dieser Vorgeschichte nicht. Nachdem die Personen davongerannt waren, änderte sich das Verhalten Ihrer Mandantin. Sie war ruhig und gefasst, wie aus dem Protokoll hervorgeht. Besser: emotionslos. Gebe ich das richtig wieder, Frau Bassinger?«

Die zuckte mit ihren Schultern. Schwieg.

»Eindrücke, Vermutungen, keine Fakten«, bellte Seeger.

Petersen rieb sich mit dem rechten Zeigefinger die Nasenspitze. »Kannten Sie eine oder beide Frauen?«

»Ihre Namen kenne ich nicht«, platzte Lore heraus.

»Danach fragte ich Sie nicht.«

»Meine Mandantin, das sagte ich bereits, wird zu keinem Punkt Stellung beziehen. Sie stand unter Schock. Erinnerungslücken.«

»Ihre Namen kenne ich nicht«, wiederholte der Kommissar. »Eine interessante Einlassung. Bleiben Sie dabei, Frau Bassinger?«

Lore suchte den Blickkontakt mit ihrem Anwalt.

Ohne die Antwort abzuwarten, sagte Petersen: »Ich rieche da etwas. Interessant ist, dass Angestellte der Titanus jeden Freitag zunächst eine Frau in Blau sahen. Die ältere.«

»Wie kommen Sie darauf, dass sie älter war?«

»Aufgrund ihrer Bewegungen. Alle Befragten berichten übereinstimmend von dicken Knöcheln, ungewöhnlichen Schuhen und großen Broschen.«

»Zwei Personen? Widersprüchlich. Finden Sie nicht?« Seeger hob die Stimme, um seine Ironie besser wirken zu lassen. »Ich wiederhole: Aussagegenauigkeit, Glaubhaftigkeit. Und ergänze es um: Zeugentüchtigkeit und Glaubwürdigkeit.«

»Dr. Seeger, ich werde die Zusammenhänge herausfinden. Glauben Sie mir das!«

Petersen lehnte sich in seinem Stuhl zurück. Betrachtete den auf der Tischplatte liegenden silbernen Kugelschreiber. Nahm ihn in die Hand. Drehte ihn und zeigte mit der Spitze auf Seeger, dann auf Lore. »Folgen Sie meinem Gedankenspiel. Die vorhandenen Figuren schaffen eine Wiederaufführung. Sie sind eine Wiederholung des Geschehenen. Versetzt in einen anderen Kontext, so dass sich seine Bedeutung verschiebt.«

»Eine interessante Deutung. Der müssen wir nicht folgen«, meinte Seeger.

»Denken Sie darüber nach«, brummte Petersen und legte den Kugelschreiber zurück.

»Mir ist das zu abstrakt«, entgegnete Seeger.

»Personen und Handlungen. In immer neuen Konstellationen verwoben bis zu ihrem Verderben.« Petersen rieb sich erneut mit dem rechten Zeigefinger die Nasenspitze.

»Hört sich nach einem literarischen Drama an. Shakespeare, tippe ich.« Seeger schmunzelte. Sah in Petersens Pokergesicht. »Beweisen Sie Ihre Theorie.«

»Das werde ich.«

»Auf alle Fälle weiß ich, in welche Richtung Sie ermitteln. Warum erzählen Sie uns das alles?«

»Ich erzähle Ihnen nichts. Ich spreche mit Ihnen. Gebe Ihnen Hinweise auf Ungereimtheiten.«

»Ist dies ein Manöver der Kriminalpolizei?«

»Warten wir es ab.«

»Auf alle Fälle eine interessante Theorie.« Ironisch setzte Seeger hinzu: »Sie zeigten mir heute ein neues Gesicht, Herr Petersen. Meinen Respekt. War's das? Bei dieser dürftigen Beweislage wird es dem Staatsanwalt schwerfallen, beim Haftrichter gegen die Angeschuldigte die Untersuchungshaft zu beantragen. Theoretisch. Noch ist meine Mandantin nur Beschuldigte. Haben Sie weitere Fragen?«

»Für heute nicht. Wir sehen uns.«

Seeger wandte sich seiner Mandantin zu. »Gehen wir.«

Die Scharniere seines Diplomatenkoffers schnappten auf. Er warf die Unterlagen hinein. Stand auf und reichte Petersen über die Schreibtischplatte hinweg die Hand. Der erhob sich. Domen sagte kein Wort. Lore Bassinger stand ebenfalls auf. Sah auf ihren Anwalt. Drehte sich um. Beide gingen wortlos hinaus.

Der Kommissar schaltete das Aufnahmegerät ab.

»Domen, nicht alles, was so scheint, ist so. Dies war nur der Auftakt, um die Gegenseite in Sicherheit zu wiegen.«

»Oder zu verunsichern«, ergänzte Domen.

»Richtig. Wir werden die Fakten zusammentragen, untermauern und dem Staatsanwalt präsentieren. Wasserdicht. Ein erster Schritt: Prüfen wir, ob es bei der Titanus einen Abteilungsleiter Ostkamp gibt, wofür er zuständig ist und seine Arbeitsgewohnheiten.«

»Sie vermuten eine Schutzbehauptung von Lore Bassinger?«

»Sagt mir mein Bauchgefühl. Unabhängig davon werde ich alles daransetzen nachzuweisen, dass es ein Mord aus niedrigen Beweggründen gewesen ist.«

Auf dem Weg zum Parkhaus erklärte Seeger: »Für mich gibt es Klärungsbedarf. Liefern Sie Petersen keine Vorlagen für sein weiteres Vorgehen.«

Seine Mandantin starrte ins Leere. »Mir ist kalt.«

Die Suche nach Verständnis

Neun Wochen vorher. Lore hielt gedankenverloren die Teetasse in ihrer Hand. Sah Frau Kröger an, die ihrem Blick ruhig und abwartend standhielt. Sie setzte die Tasse vorsichtig an ihre Lippen. Erforschte über den Rand hinweg das Gesicht der Gastgeberin. Trank. Stellte die Tasse behutsam auf die Schreibtischecke. Lehnte sich zurück.

»Es ist komisch«, begann Lore, »dass sich vorher nie die Gelegenheit ergab, ein Gespräch zu führen. Es waren nur Augenblicke, wo ich hier bei Ihnen wartete. Meinen Gedanken nachhing.«

»Das kann ich verstehen. Ich … Wegen der Zusammenarbeit mit Dr. Seeger bin ich mit vielen Dingen vertraut. Wenngleich wir nicht immer einer Meinung sind. Wir verstehen uns.«

»Vertraut. Das Vertrauen in Menschen. Man hat es mir genommen.« Lore seufzte. »Johann gab mir kurzfristig das Gefühl der Geborgenheit. Nach einiger Zeit wurde mir das Vertraute zu vertraut. Seine Arbeitswelt und diese Repräsentationen. Diese Pflichtbesuche, Pflichtfreundschaften. Diese Wege von der Lohsestraße zur Neusser Straße, um die Einkäufe zu erledigen. Der Wochenmarkt auf dem Wilhelmplatz. Regelmäßig mittwochs und sonnabends. Das Schwätzchen mit der Gemüsefrau, dem Käsemann. Gelegentliche Besuche in der Lutherkirche. Die Familie, die Partnerschaft. Das alles war angenehm.«

Lore nahm die Tasse. Trank zwei kräftige Schluck. Stellte die Tasse energisch zurück.

»Soll ich nachschenken?«

»Das wäre nett.«

»Die Kanne ist leer. Ich hatte sie nur zur Hälfte gefüllt. Entschuldigung. Ich muss neuen Tee aufbrühen.«

Bevor Lore reagieren konnte, eilte Frau Kröger in die Küche. Lore verfolgte von ihrem Platz aus, wie die Kröger den kleinen Stieltopf mit Wasser füllte. Ihn auf eine der beiden Kochplatten stellte. Die Teekanne ausspülte. Die Blechdose öffnete und die Tee-blätter in die Kanne füllte. Sie wandte Lore dabei den Rücken zu. Eine kräftige Figur, fand Lore. Praktisch gekleidet. Diese dicken Knöchel in den Gesundheitsschuhen. Sie schüttelte unwillkürlich den Kopf.

Frau Kröger drehte sich zu Lore:»Das Wasser kocht gleich.« Kurze Zeit später hörte Lore das Brodeln des Wassers, dann das Gluckern, als Frau Kröger es in die Teekanne goss.

Sie hing ihren Gedanken nach. An Johanns Seite habe ich mein Lachen verlernt. Hakte etwas, reagierte ich auf das erste Anzei-chen. Das habe ich all die Zeit durchgehalten. Habe mich emanzi-piert. War für mein Leben verantwortlich. Johann war offen und ehrlich. Ihm ging es um die Sache. Nur, um mich kämpfte er nicht. Er wartete. Worauf? Auf dieses Schweigen, besonders nach Ham-burg. Seine Flucht in die Musik. Stundenlang die Klaviersonaten von Mozart. Vorzugsweise in der Interpretation von Glenn Gould. Alles vergeblich, sagte er mir und wiederholte, meine Vergeblich-keitssonate. Ein Titel, den er schuf. Welche Sonate? Sonate, Sonate. Die Klaviersonate Nr. 16, Köchelverzeichnis 545.

Lores Gedanken wurden unterbrochen. Mit der Kanne kehrte Frau Kröger an ihren Schreibtisch zurück. »Er muss noch ziehen.« Sie setzte sich und sah Lore erwartungsvoll an.

»Wissen Sie, Frau Kröger, Tee erinnert mich an Hamburg. Assamtee gab es in meinem Elternhaus immer. Dazu Kandis-zucker. Nicht zu vergessen die Sahne. Einige Dinge rettet man in die Gegenwart.« Abrupt fragte Lore: »Kennen Sie dieses Gefühl, etwas Neues, Fremdes zu wagen?«

»Hin und wieder«, antwortete Frau Kröger zögernd.

»Reizt es Sie nie, der Faszination des Fremden zu erliegen?«

»Ich habe häufig daran gedacht, meinen Wirkungskreis zu ver-größern. Ich scheute das Risiko«, bekannte sie.

»Mich hat die Vergangenheit im Würgegriff gehalten. Meine Versuche … Ich probierte meine Unabhängigkeit aus. Ich wollte gewinnen und habe alles verloren.«

»Sie können die Vergangenheit nicht ändern«, meinte die Kröger in mitfühlendem Ton.

»Das nicht. Aber meine Sichtweise!«

Lore fiel auf, dass die Sekretärin eine überdimensionale Brosche trug. Die bemerkte ihren Blick. Erklärte: »Das ist meine Leidenschaft. Große Broschen. Es sind Unikate. Ich kaufe sie in der Neusser Straße. In einem kleinen Kunstgewerbeladen, nicht weit von hier, auf der rechten Straßenseite, Richtung Agneskirche.«

»Den Laden sollte ich mir merken.«

»Ich besitze ein Dutzend. Jeden Morgen suche ich mir eine andere aus. Nach Tageslaune. Mein Chef kennt das Spiel. Weiß, wie er mich anzusprechen hat. Er ist ein wunderbarer Chef.«

»Sie mögen ihn!«

»Wir arbeiten seit Langem zusammen. Man kennt und schätzt sich.«

»Ja, sicherlich«, meinte Lore. Was sie nicht sagte, verschwand in dieser Pause. Wahrscheinlich ist sie ledig und bewundert ihren Chef. Eine fleißige Arbeitsbiene. Meinte: »Ich hatte nur wenig Zeit zu trauern. Jeder trauert anderes.«

Lore fing den fragenden Blick ihrer Gesprächspartnerin auf. Erneut entstand eine Pause. Lore senkte den Blick. Dachte, es ist eine Krise, in die ich hineingestürzt bin, und auch eine Chance für Veränderung. Ich erlebe diesen Übergang deutlich als einen Einschnitt.

»Und jetzt?« Mit dieser Frage riss Frau Kröger sie aus ihren Gedanken.

»Ich kämpfe um meine Kinder. Hans macht es mir leicht. Ellen dagegen, sie marschiert in großen Sprüngen vorwärts. Ich in kleinen Schritten rückwärts. Irgendwann müssen meine Tochter und ich uns begegnen. Das ist mein erklärtes Ziel.«

»Wie passt Karl Krapps da hinein?«

Lore schluckte. Das Gesicht von Frau Kröger lief rot an.

Natürlich, urteilte Lore, sie ist Seegers rechte Hand. Weiß vieles. Erwiderte: »Als ein Arbeitskollege und, wie ich dachte, Freund von Johann und uns, der Familie. Er schmeichelte sich ein. Die Sprachlosigkeit. Einer musste sie aufbrechen. Heute heißt es Achtsamkeit.«

»Achtsamkeit?«

»Dieses Gefühl, von jemandem verstanden zu werden. Er half mir, meine Situation zu verstehen. Ich versäumte es, genauer hinzuschauen.«

Frau Kröger nickte.

Lore zögerte. Sie befeuchtete ihre Lippen. »Karl Krapps. Ob er intelligent ist? Zumindest ist er rhetorisch geschickt. Liest er etwas in der Presse, besitzt er eine Information, bringt er dieses Wissen am nächsten Tag an. Er glänzt mit seinen Kenntnissen über Kunst, Literatur, Politik. Spontan versteht er es, dieses Wissen geschickt einzuflechten. Beginnt leutselig, ich habe gehört, gelesen, dass … Sein Gesprächspartner muss passen. Er verblüfft ihn, indem er abrupt das Thema wechselt. Leitet diesen Wechsel mit den Worten ein, ich erinnere mich … Er kann den anderen bloßstellen, ohne dass dieser den rhetorischen Kniff bemerkt. Sagt er Positives über ihn, nimmt sein Gesprächspartner diese Geste demütig an. Krapps hebt die Augenbraue. Der andere senkt den Blick. Das ist sein Spiel.«

»Ein gewagtes Spiel«, bemerkte Frau Kröger.

»Gewagt? Auf alle Fälle effektiv. Das verschafft ihm Freiräume. Dann seine unkontrollierten Ausbrüche. Er hat Schwierigkeiten, seine Emotionen zu steuern.«

»Das Zeichen eines Einzelkämpfers, der ständig Anerkennung sucht«, fasste Lores Gesprächspartnerin zusammen. »Und bei beruflichen Themen?«

»Er behauptet sich rücksichtslos. Das kommt bei vielen an. Sie bewundern ihn. Im Betriebsrat wagt es keiner, ihm zu widersprechen.«

»Und wenn doch?«

»Er stellt ihn bloß.«

»Wie das?«

»Er übergeht dessen sachlichen Gesprächsbeitrag. Kramt in seinen Erinnerungen. Kartet nach. Er macht permanent Druck. Behauptet Dinge, Begebenheiten, Aussagen. Wiederholt diese. Zum Schluss glaubt man es ihm. Am Ende gibt es den einen Sieger. Ihn. Es dauert, bis man ihn durchschaut. Er verkörpert die Arroganz der Macht.«

»Armselig. Und, haben Sie heute noch Kontakt zu ihm?«

»Um Gottes willen, nein! Nicht nach dem, was vorgefallen ist.«

Lore senkte ihren Blick. Hob langsam ihren Kopf und nahm die Teetasse. Umklammerte sie mit ihren Händen, als müsse sie diese wärmen. »Ich träume, wie ich an dem Hauptgebäude der Titanus mit dem Auto vorbeifahre. Ich sehe Karl Krapps einsam und verloren auf den Treppenstufen vor dem Haupteingang sitzen …«

Lore schwieg. Stellte die Tasse zurück, ohne zu trinken. Sagte spontan: »Ich danke Ihnen, nicht nur für den Tee, Frau Kröger.«

»Gerne. Ich danke Ihnen für Ihr Vertrauen. Sollten Sie Hilfe brauchen, sprechen Sie mich an. Jederzeit.«

Der tanzende Tod

Tage später. Seeger schaute aus seinem Bürofenster. Er erwartete Lore Bassinger. Sie hatte ihn kurzfristig um einen Termin gebeten mit der Bemerkung, mehr über Karl Krapps berichten zu wollen. Ihre Schilderungen eines Menschen ohne Gefühle? Gibt es solche? Menschen ohne Gefühle?

Die Stimmen aus dem Vorzimmer rissen ihn aus den Gedanken. Seine Sekretärin unterhielt sich mit seiner Mandantin. Er sah auf die Armbanduhr. Es war kurz vor drei. Seeger ging zum Schreibtisch. Ließ sich in den Bürosessel plumpsen. Atmete tief durch. Die Damen plauderten munter weiter.

Es klopfte an der Bürotür. Bevor er antworten konnte, öffnete sie sich. Lore hielt sie auf, damit Frau Kröger mit dem Tablett passieren konnte. Auf dem Weg zum Besuchertisch flötete sie: »Für den schwarzen Tee aus Assam lasse ich mir Zeit.«

Lore trug ein enges, einfarbiges Kleid. Dunkelrot steht ihr, stellte Seeger fest. Sie nahm unaufgefordert am Besuchertisch Platz. Lächelte und bemerkte: »Ein Ritual. Wie das der Teezubereitung.«

Der Anwalt erhob sich. Sagte kurz: »Guten Tag, Frau Bassinger.«

Frau Kröger war damit beschäftigt, das Teeservice auf dem Tisch zu verteilen.

»Ist gut, ich bediene unseren Gast«, knurrte Seeger. Setzte sich Lore gegenüber. Den Schreibblock und die zwei Kugelschreiber legte er neben seiner Teetasse hin. »Es sieht aus, als sollte ich heute mit Ihnen Tee trinken. Der Tag, er kann nur besser werden.«

Lore senkte den Kopf und faltete ihre Hände. Wartete wie ein Kind auf die Bestrafung.

Er genoss für einen Moment die Situation.

»Herr Dr. Seeger. Sie wissen viel von Karl Krapps. Er hat Johann auf dem Gewissen. Benutzte ihn für seine Zwecke, um Dr.

Truts zu zerstören. Er diskutierte mit Johann, als sein angeblicher Freund, Situationen, in denen mein Mann sich ungerecht behandelt, gedemütigt fühlte. Karl forcierte Johanns Aggressionen. Diese Schießübungen im Wald! Johanns Wut brauchte ein Ventil. Das war der Vorlauf.«

Lore war sichtlich angespannt.

»Das ist mir bekannt«, kommentierte Seeger. »Nach der Verhaftung Ihres Mannes bin ich zum ersten Mal in Ihr Haus gekommen. Karl Krapps stand Ihnen zur Seite.«

»Das stimmt. Ich ahnte nichts von seinem doppelten Spiel. Ritterlich trat er auf. Gab mir das Gefühl von Nähe und Achtung. Er benutzte mich. Das kann ich mit mir ausmachen. Schlimmer ist, er benutzte Ellen. Das verzeihe ich ihm nie.«

»Obwohl Sie ihn so schätzten.«

»Ich besuchte Johann in der JVA. Kurz vor seinem Selbstmord. Er konfrontierte mich mit Tatsachen …«

»Was besprachen Sie mit Ihrem Mann in der Untersuchungshaft. Was erzählte ihm Ellen?«

»Ellen? Ich versuche gerade, einen Zugang zu ihr zu finden. Was schwierig ist. Der Gesprächsinhalt, den kenne ich nur bruchstückhaft.«

»Ich werde Ihre Tochter gegebenenfalls später zu diesem Thema befragen.«

»Muss das sein? Gibt es nicht ein Aussageverweigerungsrecht?«

»Für Ellen besteht die Möglichkeit des Zeugnisverweigerungsrechts.« Er schüttelte den Kopf. »Zurück zum Thema. Was haben Sie von Ihrem Mann erfahren?«

»Er hatte zuvor mit Ellen gesprochen. Sie hatte ihm die Übergriffe bei der Karnevalsfeier geschildert. Wie sie sich später Karl anvertraute. Der ihr seine Hilfe versprach. Er schützte sie aber nicht! Im Gegenteil. Er nutzte sein Wissen aus. Das hat mir mein Mann berichtet. Hilflos muss Johann sich gefühlt haben.«

»Karl Krapps schaffte es, vermute ich, durch geschickte Dosierung den Druck auf Ihren Mann zu steigern, bis …«

»Bis der Kessel explodierte? Definitiv am 13. Oktober 2006. Zu der außerordentlichen Betriebsversammlung der Titanus. Dass es so weit kommen konnte, das muss ich mir zu einem großen Teil anrechnen lassen. Ich forcierte Karls häufige Besuche in unserem Hause. Habe ihn zu einem Familienmitglied aufgebaut.«

Sie wirkte nervös. Gestikulierte mit den Händen. Zumindest die Tonlage hat sich geändert, urteilte Seeger.

»Karl, er war die Schulter, die ich nach den Vorkommnissen in Hamburg brauchte. Er hat die Mauer eingerissen, die zwischen Johann und mir herrschte. Die des Schweigens. Stellte seine Sprachgewalt dagegen. Charmant. Mit Pointen, die saßen. Er hörte zu, wenn ich von meinen Ängsten, von meiner Ohnmacht sprach. Meine Hinfälligkeit, die sollten meine Kinder, sollte Johann nicht sehen. Ich versuchte, die Kontrolle über die Situation zu haben. Wirkte kühl und berechnend. Herzlos, wie meine Tochter mir vorwarf. Die Störung meines emotionalen Gleichgewichts ließ es zu, dass Karl Macht über mich bekam. Ich übersah seine Persönlichkeit, die aus Maßlosigkeit und Mangel an Respekt bestand. Selbst als er Geschehnisse schilderte, wo er mit Angst und Streitsucht gearbeitet hatte. Der tanzende Tod.«

Seeger studierte ihr zuckendes Gesicht. »Erzählen Sie weiter«, forderte er seine Mandantin auf.

»Ich fühlte mich blockiert, fantasielos und ohne Energie. Ich war ängstlich, verstrickte mich in Selbstzweifel. Geriet schließlich in Panik.«

Lore griff nach der Teetasse. Ihre rechte Hand zitterte. Sie nahm ihre linke zur Hilfe, um die Tasse festzuhalten. Dazwischen gingen ihr die Sätze verloren. Stille. Seeger wartete, bis sie die Tasse zurückgestellt hatte.

»Wie sehen Sie Krapps heute?«

»Macht und Einfluss waren für ihn anziehend. Er verband damit Bedeutung und Ansehen. Spielte mit der Schwäche des Einzelnen. Zynisch trug er vor: Jeder scheitert für sich. Er lachte über die Leute, die aus ihrer Situation auszubrechen versuchten und ins

Leere liefen. Tat es ab, indem er meinte, die im Schatten leben, bleiben im Schatten.«

Seeger konnte aus ihrem Blick Erschütterung ablesen.

»Kaltschnäuzig«, kommentierte er.

»Definitiv.«

Seeger griff zur Kanne und goss, ohne zu fragen, nach. Sie nahm das Sahnekännchen. Ließ Tropfen in die Tasse fallen und blickte fasziniert hinein.

»Sie verteilen sich gleichmäßig. Wölkchen, die sich vereinigen. Trinke ich, werde ich dieses Bild zerstören, ein neues schaffen.«

Sie führte die Tasse an ihre Lippen. Seeger stellte verwundert fest, dass die Hand nicht mehr zitterte.

»Sie erwähnten den tanzenden Tod. Ich habe das nicht verstanden. Für mich ein ungeklärter Punkt.«

Sie sah ihn an. »Herr Dr. Seeger, ist diese Frage von Bedeutung?«

»Das kann ich zurzeit nicht beurteilen. Ich möchte alles im Vorfeld wissen. Mir ein umfassendes Bild machen.«

»Erst stirbt die Liebe, dann stirbt der Mensch. Frei nach Schnitzlerin der Novelle *Sterben*. Passt, wenn es vorbei ist. Manchmal sind es eine oder zwei Entscheidungen, die dem Leben eine andere Richtung geben.«

Diese Zitate, diese Vergleiche, dachte er. Schrak zusammen. Seine Besucherin schlug mit der flachen Hand auf die Tischplatte. »Damit Sie mich nicht missverstehen. Es ist etwas Besonderes, wenn zwei Menschen sich aufeinander einlassen.«

»Was war so faszinierend an Karl Krapps?«

»Ich will es Ihnen anhand eines Beispiels erklären. Zumindest versuche ich es.«

»Bitte.«

»Im Eingangsbereich des Museums Schnütgen steht auf einer Konsole unter Glas eine kleine Elfenbeinfigur. Aus Süddeutschland, 18. Jahrhundert.«

»Was hat es damit auf sich?«

»Es ist der tanzende Tod. Makaber, aber faszinierend.«

»Ich verstehe Sie nicht.«

»Er vollführt einen eleganten Tanzsprung. Verkörpert eine groteske Wildheit. Er strotzt vor Vitalität.«

»Was hat das mit Karl Krapps zu tun?«

Sie beugte sich über den Tisch. Kam ihm näher und flüsterte: »Mit ihm viel. Er war es, der mir eine andere Welt aufgezeigt hat. Widersprüchlich und in weiten Teilen diabolisch. Gegenpart zu meinem Mann. Die Figur hilft mir, meine Gedanken zu ordnen.« Lore quittierte ihre Erklärung mit einem milden Lächeln. »Wissen Sie, Herr Dr. Seeger, ich weiß, was ich erlebt habe.«

Er atmete durch. Verschränkte die Arme. Widersprüchlich! Warum erwähnt sie das, ging es ihm durch den Kopf.

»Ich wollte Veränderungen in meinem Leben. Die Suche nach dem Sinn und … um mich zu akzeptieren. Karl Krapps hatte einen unstillbaren Durst nach Geltung und Selbstdarstellung. Er wollte beachtet werden. Dafür tat er fast alles. Rücksichtslos. Er war wie ein großes Kind, das alles haben will. Er konnte hart sein, aber auch lieb und zerbrechlich. Die Figur, die ich Ihnen beschrieben habe, verkörpert dies für mich«, flüsterte sie.

»Der tanzende Tod?«

»Ganz sicher. Das Drohende. Es ist aufregend!«

Frau Kröger kam herein. »Entschuldigung, dass ich Ihre Besprechung störe. Mister Crown aus London ist in der Leitung. Er möchte sich in Sachen Mühlensteig gegen Heathwood mit Ihnen abstimmen.«

»Entschuldigen Sie mich bitte, Frau Bassinger. Ich versuche seit gestern, meinen Londoner Kollegen zu erreichen.« Er steckte, wie beiläufig, seinen Notizzettel in die Hosentasche.

»Warten Sie, Herr Dr. Seeger. Ich werde gehen. Für heute ist alles gesagt. Sie können von Ihrem Zimmer aus telefonieren. Ich hole mir meinen Mantel aus dem Vorzimmer.«

»Danke für Ihr Verständnis. Bitte, Frau Kröger, stellen Sie das Gespräch durch.«

Lore erhob sie sich. Gab ihm die Hand. Lächelte der wartenden Sekretärin zu und verließ mit ihr das Büro.

Nach dem Telefonat notierte sich Seeger:

der tanzende Tod
Suche nach Veränderungen im Leben
Gedächtnislücken

Verdammt, sie hat mir nichts von dem Gespräch mit ihrem Mann in der JVA erzählt. Nur von Ellen berichtet. Wieder dieses Ausweichen. Eine Meisterin der unpräzisen Äußerungen.

Die Tochter

Seeger sah in das Gesicht seiner Besucherin. Ellen Bassinger wirkte seit ihrem letzten Besuch in seiner Kanzlei verändert. Damals, als ihr Vater sein Mandant gewesen war. Sie hat diesen Ausdruck der mädchenhaften Unschuld verloren, fand er.

Sie bemerkte seinen Blick.

»Was ist?«

»Sie sind reifer geworden.«

»Verwunderlich, Herr Dr. Seeger? Nach dem, was passiert ist?«

»Wie ist es Ihnen inzwischen ergangen?«

»Ich bin Ihrem Rat gefolgt. Legte extern die Prüfung zur Versicherungskauffrau ab. Mein Bruder hat mir geholfen. Wir leben in einer Wohngemeinschaft. In unserem Elternhaus konnte ich, konnten wir nicht bleiben. Nach diesen Vorfällen. Echt nicht. Das war alles heftig.«

»Was machen Sie beruflich?«

»Ich bin im Büro eines Versicherungsmaklers angestellt. Mit der Perspektive, dass ich seine Teilhaberin werde. In einigen Jahren.« Wie zu ihrer Rechtfertigung ergänzte sie: »Für das Theater zu Hause bin ich kein Typ für. Alles Rokoko.«

Seeger schmunzelte. Die saloppe Sprache gefällt mir, dachte er. Meinte laut: »Das alles hört sich gut an.«

»Nur nett und adrett ist für mich auf Dauer langweilig. Die Vergangenheit, die war heftig.«

»Gut, Sie geben mir das Stichwort. Sie besuchten vor dem Suizid Ihres Vaters …«

»Das Wort gefällt mir nicht.«

»Vor dem Selbstmord …« Seeger legte seine Hände übereinander.

»Es war kein Selbstmord. Das Unternehmen, die Gesellschaft hat ihn ermordet.«

»Wie soll ich die Tat Ihrer Meinung nach bezeichnen?«

»Freitod. Nach dem Tod war er frei.«

»Vor seinem Freitod besuchten Sie Ihren Vater im Gefängnis. Worüber haben Sie mit ihm gesprochen? Können Sie sich erinnern?«

»An den genauen Wortlaut, nö. An die Themen schon.«

Ellen lehnte sich in ihrem Stuhl zurück. Sie schloss die Augen. Der Anwalt wartete ab.

»Als sie meinen Vater in den Besucherraum führten, war ich beschämt. Nee, wütend und irritiert. In dieser Reihenfolge. Es machte klack bei mir.«

»Was meinen Sie mit *klack*?«

»Na, es war anders. Ich mochte ihn.«

»Mochten Sie ihn nicht schon vorher?«

»Ich verlor meinen Schutzpanzer. Mir wurde klar, wie sehr ich meinen Vater liebte.«

»Worüber redeten Sie?«

»Ich nahm seine Hand. Das missfiel dem Typen. Diese uniformierte Person der preußischen Pflichterfüllung. Alles Rokoko.«

»Noch einmal. Worüber haben Sie gesprochen?«

»Über den Grund seiner Wut.«

»Im Detail?«

»Die fortwährenden Erniedrigungen. Ich konnte ihm super folgen. Das, was ich während meiner Lehrzeit erlebte. Diese Ohnmacht des Einzelnen.«

»Darüber tauschten Sie sich mit Ihrem Vater aus?«

»Er hat mich totgefragt.«

Sie schlug die Hände vor dem Mund.

»Hat Ihr Vater Sie zu einem besonderen Thema befragt?«

»Denkbar.«

»Denkbar was?«

»Onkel Karl war möglicherweise ein Thema.«

»Meinen Sie Karl Krapps?«

»Sein Verhältnis zu uns, das interessierte meinen Vater.«

»Was war damit?«

»Meine Sicht. Dieses naive Vertrauen unserer Mutter zu Krapps. Wie er sich in unserer Familie breit machte. Das ist es: breit machte. Sich Wissen erschlich. Der war ein Spasti.«

»Was für ein Wissen?«

»Kenntnisse, die ihm nutzten. Das machte er echt gut. Wir fielen auf ihn rein.«

»Alle?«

»Mein Bruder nicht wirklich.«

»Welche Kenntnisse erlangte Krapps, die er nutzen konnte?«

»Ich habe ihm von diesen Übergriffen gegen mich während der Karnevalsfeier erzählt. Wie Vogelsang, Rellinger und Truts mich eingekreist hatten.«

»Ich erinnere mich, Herr Vogelsang hat Sie …«

»Hören Sie auf. Bitte. Ich habe das Bild noch in meinem Kopf«, schrie Ellen.

Sie schloss die Augen, schüttelte sich. Seeger wartete, bis sie sie wieder aufschlug und sich ihr Körper entspannte.

»Entschuldigung. Sie unterrichteten Krapps vertraulich. Wie ging er mit diesem Wissen um?«

»Er hat es in sein Intrigenspiel eingesetzt. Im Einzelnen weiß ich es nicht. Aber ich weiß, er hat meinen Vater unterrichtet.«

»Er unterrichtete Ihren Vater? War das mit Ihnen abgesprochen? Waren Sie informiert?«

»Das, das hat er mir erzählt, als ich ihn im Gefängnis besucht habe.«

»Genauer, bitte.« Seeger konnte seine Aufregung nicht mehr verbergen.

»Das war kurz vor der außerordentlichen Betriebsversammlung. Genau an dem Tag. Super, nicht?«

Seeger sprang auf. »Moment Mal. Wissen Sie, was Sie gerade enthüllt haben?«

»Echt gut. Kurz vor der Betriebsversammlung. Sie trafen sich zufällig auf dem Flur im zweiten Stock.«

»Zufällig?«

»Das hat mein Vater bestritten. Er meinte …«

»Ja?«

»Er meinte, dass das von Karl Krapps geplant war. Absichtlich.«

»Der Tropfen, der das Fass zum Überlaufen bringen sollte?«

»Schönes Bild. Auf alle Fälle veranschaulicht es deutlich die Situation.«

»Sprachen Sie mit jemandem über Ihren Besuch in der JVA?«

»Vom Knast? Zuerst mit meinem Bruder; später mit unserer Mutter.«

»Was meinten die beiden?«

»Für meinen Bruder war es neu. Der war mega entsetzt. Unsere Mutter nicht.«

»Ihre Mutter nicht?«

»Sie war informiert. Mein Vater hatte dieses Thema mit ihr im Gefängnis besprochen. Unmittelbar nach meinem Besuch.«

»Wie reagierte Ihre Mutter?«

»Kühl, sachlich. Ich hätte mir gewünscht, dass sie mich in den Arm nimmt. Wie es mein Vater getan hätte.«

Ihre Augen verengten sich.

»Im Wohnzimmer meiner Eltern gibt es zwischen den zwei Sofas einen Beistelltisch mit einer Schieferplatte. Die hat verschiedene Einschlüsse. Einer erinnert an ein Herz. Ein Herz aus Stein«, brach es aus ihr heraus.

Es entstand eine Pause. Ellen sah den Anwalt verstört an.

»Noch Fragen?« Sie war in der Wirklichkeit zurück.

»Ich fasse zusammen: Krapps informierte Ihren Vater kurz vor der Betriebsversammlung von dem Übergriff. Das sagte er Ihnen bei Ihrem Besuch und kurze Zeit darauf Ihrer Mutter.«

»Exakt.«

»Nein, eine Wendung. Die Manipulationen des Unfallopfers Karl Krapps erscheinen in einem anderen Licht«, bemerkte der Anwalt.

»Ich wusste, dass Krapps, der liebe Onkel Karl, meine Information über den Vorfall an Karneval für seine Zwecke ausnützen würde. Ich habe geschworen, dass das Opfer meines Vaters nicht umsonst gewesen sein darf. Vorbei ist die Zeit der Regenwürmer.«

»Regenwürmer? Ich verstehe Sie nicht.«

»Das ist die Geschichte, die mein Vater mir erzählt hat. Nach jedem Regenguss ging ich als kleines Kind in den Garten und suchte nach Regenwürmern. Die badete ich in der Tonne, in der wir das Regenwasser auffingen. Super, oder?«

»Warum haben Sie das gemacht?«

»Ich wollte nicht, dass sie dreckig aussahen. Sie waren im Gegensatz zu den Menschen nicht dreckig. Die Welt ist böse genug. Da müssen wir uns nicht einreihen. Nicht wichtig. Alles Rokoko.«

»Der Tod von Karl Krapps, das Unfallopfer …«

»Wie nennen Sie ihn?«, unterbrach Ellen: »Das Unfallopfer! Denkbar. Damit kommt er zu gut weg. Seine Machenschaften und die der Versicherung, die müssen zur Sprache kommen. Das ist wichtig. Eine Möglichkeit dazu ist der Prozess.«

»Die Gesellschaft sitzt nicht auf der Anklagebank.«

»Doch. Indirekt. Die Machenschaften, sie müssen zur Sprache kommen«, schluchzte Ellen.

»Bitte, beruhigen Sie sich.«

»Das bin ich, das sind wir ihm schuldig.«

Seeger hatte Mühe, seine Verärgerung zu verbergen.

»Sie sind offen zu mir, Frau Bassinger.«

»Frau Bassinger. Das sparen Sie sich für unsere Mutter auf. Ellen reicht. Sie dürfen mich duzen.«

»Danke, Ellen.«

»Unsere Mutter …«

»Der Hass auf deine Mutter, die Liebe zu deinem Vater, das wird sich ausgleichen. Du wirst deine Mutter verstehen und erkennen, welchen Anteil dein Vater am Verhalten deiner Mutter hatte. Bei solchen Ereignissen besteht die Chance, neu zueinanderzufinden.«

»Schöne Worte. Alles Rokoko. Es gab Situationen … Hatte ich ein Problem, ging ich zu meinem Vater. Der liebe Gott hat uns geschaffen. Bei jedem hat er sich etwas gedacht. So tröstete er mich.

Echt gut. Unsere Mutter dagegen sagte, frag mich was. Schlimm war es, als ich mit ihr über den Verkehrsunfall gesprochen habe. Ich meinte, du brauchst nur zu sagen, dass du dich an nichts erinnerst. Schock, Gedächtnislücken, Stresssituation. Sie starrte mich an, lachte dann wie irre.«

»Durch diesen Vorschlag hast du deiner Mutter die Ohnmacht, die Kränkung vor Augen geführt.«

»Na, super. Das muss ich nicht verstehen. Ich kann diese Harmonie nicht ab! Hab' ich kein' Bock darauf.«

Sie stand auf und verließ das Büro.

»Danke, dass du gekommen bist«, rief Seeger ihr nach.

Diese Jugend, dachte er, trunken ohne Wein.

Er notierte sich:

Vater / Tochter-Verhältnis (Regenwürmer)
Kenntnis vom Übergriff
Krapps informierte Bassinger vor der Betriebsversammlung

Die Herausforderung

Sechs Wochen vorher. Gegenüber dem Hauptgebäude der Titanus-Versicherung lag die Häuserzeile aus roten Backsteinen. Die weißen Fensterrahmen gaben den Gebäuden eine Seele; die Vorgärten mit den kleinen Mauern verströmten Harmonie, meinten die weiblichen Angestellten der Versicherungsgesellschaft. Bald bemerkten Mitarbeiterinnen, dass auf dem Mäuerchen zwischen den Hausnummern zwölf und vierzehn eine Frau saß. Jeden Freitag, pünktlich um dreizehn Uhr. Stets war das Kleid auf ihren Mantel abgestimmt. In verschiedenen Blautönen. Ihr blondes, kurz geschnittenes Haar glänzte. Das Gesicht verdeckte eine große, getönte Brille. Links trug sie voluminöse Broschen, besetzt mit Strasssteinen. Die glitzerten bei jeder ihrer Bewegungen im Sonnenlicht. Seltsam nur war die Figur der Frau. Die variierte, so dass manche Beobachterin meinte, es handle sich um mehrere Personen.

Das alles blieb Karl Krapps nicht verborgen. Zunächst war es ein Tuscheln, das ihn stutzig machte. Es fielen Sätze wie ›Der Geist von Johann Bassinger lebt.‹ Wie damals, als diese mysteriöse Frau in Blau täglich pünktlich um dreizehn Uhr dort ihre Zeitung las. Auf der kleinen Mauer gegenüber dem Hauptgebäude der Titanus. Sie, die später das Titelbild der Kundenzeitung zieren sollte. Wozu es nicht kam, da sie Johann Bassinger versetzte, der mit Blumen bewaffnet auf sie wartete und zum Gespött vieler Kollegen wurde.

Das ließ Karl Krapps keine Ruhe. Er stand am Fenster seines Büros und blickte auf die gegenüberliegende Straßenseite. Er vermutete die Sahlenburg hinter dieser Aktion. Sein Verdacht erhärtete sich, als er an einem Freitag ihr Büro aufsuchte und den Schreibtisch verwaist fand. Sie wird in der Mittagspause sein, meinte die Kollegin, mit der sie sich das Büro teilte. Karl Krapps presste die Lippen zusammen und ging. Ihm war klar, dass die Kollegin Susanne Sahlenburg unterrichten würde. Sollte sie nur, dachte er. Das wird dem Spuk ein Ende bereiten.

Am darauffolgenden Freitag sah er die Dame in Blau auf der Mauer sitzen. Er stürmte in das Büro von Susanne Sahlenburg. Sie saß an ihrem Platz. Begrüßte ihn kühl mit der Bemerkung: »Suchen Sie mich?« Sie strich sich eine rote Haarsträhne aus ihrem Gesicht. Er keuchte. Drehte sich abrupt um. Im Hinausgehen hörte er das Gelächter der Frauen.

Eine Woche verstrich. Pünktlich um dreizehn Uhr saß eine Frau in Blau auf der Mauer. Gerade als er sich anschickte, sie aufzusuchen, verschwand sie hinter der Häuserzeile. Nicht mehr als zehn Minuten, schätzte er. Karl Krapps schlenderte wie zufällig in den zweiten Stock, in dem das Büro von Susanne Sahlenburg lag. Er wagte es nicht, sofort in ihr Büro zu stürmen. Suchte krampfhaft nach einem Vorwand. Um sich zu beruhigen, betrachtete er die grauen Büroschilder mit den schwarzen Namenszügen. Exakt rechts neben den weiß lackierten Türrahmen angebracht. Er studierte die Zimmernummern. Rechts die geraden, links die ungeraden Zahlen. Er blickte auf seine Armbanduhr. Seit dem Verschwinden der Dame in Blau war eine Viertelstunde vergangen. Gerade als er aufgeben wollte, hörte er eilige Schritte auf dem Flur. Es war Susanne Sahlenburg, bepackt mit zwei großen, braunen Stofftaschen. Er ging auf sie zu. Versperrte ihr den Weg. Sie blieb vor ihm stehen.

»Einkäufe erledigt?« Es sollte harmlos klingen, doch er bemerkte die Schärfe in seinem Ton.

Sie sah ihn eisig an. Meinte knapp: »Wochenende. Wo Sie schon hier herumstehen, öffnen Sie mir die Tür.«

Karl Krapps bebte vor Wut. »Zeigen Sie mir, was in den Taschen ist!«

»Wie bitte? Jetzt geht's aber los!«

»Öffnen Sie die Taschen. Ich will den Inhalt sehen. Die blauen Kleider. Mich täuschen Sie nicht!«

Er ging auf sie zu. Zerrte an einer ihrer Taschen. Die fiel zu Boden. Heraus rollten Äpfel, Brötchen und Joghurtbecher. Verteilten sich auf dem Laminat in den Nachbildungen des Königahorns.

Die Sahlenburg schrie auf. »Was soll das? Sind Sie wahnsinnig?«

Bürotüren öffneten sich. Kollegen und Kolleginnen standen staunend oder kopfschüttelnd im Türrahmen. Betrachteten das Schauspiel. Zischten Kommentare.

Krapps drehte sich schnaufend um.

»Das hat ein Nachspiel«, brummte er. Stapfte davon.

»Für wen? Schönes Wochenende«, rief die Sahlenburg ihm hinterher.

Gelächter scholl ihm nach. Das steigerte seine Wut.

Der letzte Kontakt

Seeger griff zum Telefonhörer. »Guten Tag, Frau Bassinger. Ich hoffe, ich störe Sie nicht.«

»Nein, durchaus nicht.«

»Ich mache es kurz. Wann haben Sie Karl Krapps zum letzten Mal gesehen? Vor dem Verkehrsunfall, meine ich.«

»Am Samstag, dem 24. Februar 2007.«

»Woher wissen Sie das so genau?«

»Es war einen Tag nach meinem Geburtstag. Ich erhielt anonym eine Konzertkarte zu dem Gastspiel des Orchestra dell'Accademia Nazionale di Santa Cecilia zugeschickt. Ein guter Platz. Ein tolles Programm. Zuerst das *Konzert für Klavier und Orchester Nr. 2* von Sergej Rachmaninow. Danach die *Sinfonie Nr. 1* von Gustav Mahler. Mein Lieblingsstück.«

»Mich wundert, dass Sie sich an das Orchester erinnern.«

»Ich habe mir ein Programmheft gekauft. Nehme es von Zeit zu Zeit in die Hand.«

»Entschuldigung, ich habe Sie unterbrochen.«

»Der Absender musste mich gut kennen. Eine nette Geste zu meinem Geburtstag. Nur dass sich der Absender nicht zu erkennen gab, störte mich. Ich überlegte lange, ob ich das Konzert besuchen sollte. Ohne einen Hinweis! Meine Neugier überwog. Vielleicht saß der edle Spender neben mir? Oder meine Kinder hatten sich eine Überraschung ausgedacht? Notfalls konnte ich nach der Pause gehen, dachte ich.«

»Sie gingen auf Verdacht in die Philharmonie?«

»Ja. Ich nahm meinen Platz ein. Sah verstohlen nach rechts und links. Entdeckte kein bekanntes Gesicht. Der Platz rechts war unbesetzt. Kurz nach dem dritten Klingelton kam er angehetzt. Er entschuldigte sich bei den anderen Zuhörern, die ihn durchlassen mussten, sich von ihren Stühlen für ihn erhoben. Es war Karl Krapps.«

»Das war Ihr erstes Zusammentreffen nach dem Zerwürfnis mit Karl Krapps?«

»Ja, und ich hätte es mir gerne erspart.«

Seeger hörte ihren Atem. Fragte in die Stille hinein: »Was geschah dann?«

»Er machte mir Vorwürfe. Behauptete, ich hätte ihm anonym eine Karte geschickt. Ich!«

»Wie reagierten Sie?«

»Ich griff ihn an. Meinte, ob er sich nicht überschätze. Fragte, ob ich es nötig hätte, ihn unter solchen Umständen zu sehen. Die anderen Zuhörer wurden unruhig.«

»Sie hätten gehen können.«

»Es war zu spät. Der Applaus setzte ein. Der Dirigent kam. Ein letztes Hüsteln der Besucher. Das Konzert begann. Moderato, und ich bemerkte, wie Hitzewellen in mir aufstiegen. Mein Herz raste. Erlösend die Pause!«

Seeger hörte, wie sie tief einatmete.

»Was immer der Absender der Konzertkarte erreichen wollte: Ich habe ihm keine Szene geliefert. Ich erhob mich und ging.«

»Sie mussten an ihm vorbei.«

»Er machte sich breit. Ich quetschte mich an ihm vorbei. Das war der Moment, in dem ich fast die Selbstbeherrschung verloren hätte. Definitiv.«

»Sie schafften es, sich zu beherrschen. Bravo.«

»Schade um das Konzert. Ich habe den zweiten Teil, Mahler, versäumt. Aber das Gift wirkte. Heute erkenne ich die Absicht, Hass zu säen.«

»Sie erhielten die Karte anonym. Haben Sie irgendeinen Verdacht?«

»Nein.«

»Diese Aktion lässt auf eine weibliche Handschrift schließen.«

»Lässt Sie das?«

»Schützen Sie jemanden?«

»Nein. Mir ist der Absender unbekannt.«

»Vielen Dank. Unser Termin ist in der kommenden Woche.«
»Auf Wiederhören, Herr Dr. Seeger.«
Seeger ergänzte seine Notizen:

Konzertkarte von Anonym?
Ahnungslos? Falls nicht: Wer soll geschützt werden?

Das zweite Treffen

Semi ging auf seine Gesprächspartnerin zu. Dora Schmitz lehnte an einer der gemauerten Säulen im Friedhof von Sankt Georg. Sie hatte ihren sandfarbenen Stoffmantel zugeknöpft; den Kragen hochgestellt. Sie lächelte kurz, als er auf sie zutrat.

»Sie sind pünktlich, Semi.«

»Beginnen wir unseren Büßergang«, scherzte er. »Runde für Runde.« Er zückte sein Aufnahmegerät und beide setzten sich in Bewegung. Ruhig, verhalten waren ihre Schritte.

»Gab es eine außergewöhnliche Situation, die Sie besonders berührt hat?«

»Eine?« Dora runzelte die Stirn. »In den Jahren meiner Betriebszugehörigkeit gab es zahllose. Sag' ich Ihnen. Spontan? Die Gründung und Auflösung der Kreditversicherung.«

»Warum gerade diese Situation?«

»Es kam zu Kollateralschäden. Menschenverachtend, sag' ich mal.«

»Das verstehe ich nicht.« Er hielt ihr sein Aufnahmegerät entgegen.

»Mit der Neugründung der Kreditversicherung rekrutierte die Titanus externes Personal.«

»Rekrutieren? Sie meinen verpflichten.«

»Richtig. *Rekrutieren* ist eine Floskel aus dem Sprachschatz der Versicherung. Dafür kann ich nix. Mitarbeiter der Konkurrenz wurden angesprochen. Die, die aufgrund ihres Alters bei Gott keine beruflichen Perspektiven mehr hatten. Die Mitte-Vierzigjährigen.«

»Mitte Vierzig?«

»Jo, genau. Die ihre Hoffnung auf eine berufliche Herausforderung nicht aufgegeben hatten. Diese Leute sahen in der Gründung der Tochtergesellschaft eine Chance, die sich für sie so schnell nicht wieder bot. Eine Herausforderung, von Beginn an am Aufbau der Gesellschaft beteiligt zu sein.«

Semi bemerkte das süffisante Lächeln seiner Gesprächspartnerin.

»Das hob ihr Selbstwertgefühl. Die finanziellen Rahmenbedingungen stimmten …« Sie zuckte mit den Schultern. »Das kriegen wir hin, war die Meinung aller.«

»Wieso kaufte die Firma das Personal extern ein? Warum konnten keine Mitarbeiter aus der Muttergesellschaft der Titanus gewonnen werden?«

»Die wollten ihre Sicherheit nicht aufgeben. Sie scheuten das Risiko. Waren satt. So was von. Eine Arbeit bei dem Tochterunternehmen bedeutete, einen Arbeitsvertrag mit einem rechtlich neuen Arbeitgeber zu schließen. Die Ansprüche in der Muttergesellschaft aufzugeben. Sie forderten eine Besitzstandswahrung und eine Rückkehrgarantie. Risikominimierung«, erläuterte sie schmallippig.

Semi blickte sie an. Ihre Schilderung war sachlich und kühl. Gleich einem x-beliebigen Vorgang.

»Waren die Bedenken Ihrer Kollegen berechtigt? Es ging, wie ich vermute, schief?«

»Ich bin doch gerade dabei, es zu erklären.« Sie zog die Stirn kraus.

»In den ersten vier Jahren nicht. Der Vorstand war großzügig bei den Verlusten. Die fielen unter Anfangsinvestitionen, Anlaufschwierigkeiten, Orientierung am Markt. Nichts als Floskeln.« Ihre Stimme klang bitter.

»Floskeln?«

»Es gab viele Argumente, um die Entscheidung zu rechtfertigen, sag' ich mal. Die Marktentwicklung war eine andere. Die kalkulierten Gewinne blieben aus. Dann ging's zur Sache.«

»Vor der Gründung sind Marktanalysen erfolgt? Machbarkeitsstudien, unterstelle ich mal.«

»Die Indizes, die zugrunde gelegt wurden, trafen nicht zu. Ein Bewerber mehr am Markt schafft nicht mehr Bedarf. Warum sollten die Versicherungsnehmer zu dem neuen Unternehmen wechseln? Das ging nur über Prämien. Die Konkurrenzunternehmen besaßen die bessere Ausgangssituation. Laufende, langjährige Kontakte, die sich bewährt hatten. Erfahrungen am Markt und eine kapitalkräftige Mutter im Rücken. Picobello. Die Versicherung wurde nicht wegen des Gewinnes betrieben.«

»Sondern?«

»Den Versicherungsnehmern sollte ein Rundumservice geboten werden. Genau. Ein Versicherungspaket aus einer Hand.«

»Wieso das?«

»Dem Kunden sollte nicht zugemutet werden, für diese Sparte zu einem anderen Versicherer zu wechseln. Das war die offizielle Version der Titanus.«

»Sie schildern es detailliert und für mich nachvollziehbar. Und die inoffizielle Version?«

»Wir sind noch nicht fertig. Vieles weiß ich aus den Sitzungsprotokollen und den Aktennotizen, die ich für meinen damaligen Chef geschrieben habe.«

»Haben Sie noch Unterlagen darüber?«

»Jo. Daraus geht klar hervor, es waren keine wirtschaftlichen Gründe.«

»Sondern?«

»Persönliche. Die Größe des Unternehmens galt es auszubauen und zu verteidigen. Zum Ruhm des Vorstands. Notfalls durch Zukäufe, um die Geschäftsfelder wachsen zu lassen. Oder, wie geschehen, durch eine Neugründung. Alles Gedöns.«

»Das Geschäft wurde wieder aufgegeben?«

»Genau. Das Tochterunternehmen stellte seinen Betrieb ein. Zu dem Zeitpunkt, als sich größere Verluste für die nächsten Jahre abzeichneten. Es fand sich kein Interessent für eine Firmenübernahme. Das kriegten sie nicht hin. Es erfolgte der Vorstandsbeschluss, die Tochter zu liquidieren.«

»*Zu liquidieren* – ist das ein Ausdruck aus der Versicherungsbranche?«

»Bei Gott. Sie trennten sich von diesem Geschäftsfeld. Die Konkurrenz wartete ab, die Mitarbeiter wurden freigesetzt.«

»Einfach so?«

»Der Betriebsrat und die Tochtergesellschaft verabschiedeten einen Sozialplan für die Mitarbeiter. Karl Krapps war federführend.«

»Für die Kollegen der Tochtergesellschaft?«

»Vordergründig. Mehr für die Muttergesellschaft. Damit alles reibungslos verlief. Picobello. War finanziell kein Problem. Bei maximal acht Jahren Beschäftigung bei der Tochter waren die Abfindungen gering.« Sie schnaufte verächtlich. »Die betriebsbedingten Kündigungen gingen geräuschlos über die Bühne. Verzichtete ein Mitarbeiter auf den Gang zum Arbeitsgericht, erhöhte sich die Abfindung um ein bis zwei Monatsgehälter. Eine Idee von Krapps.«

»Woher wissen Sie das?

»Der kokettierte damit. Krapps hatte den Vorstand auf seiner Seite. Auf einmal gehörte er dazu. War nicht, wie früher, nur dabei. Zumal der Betriebsrat der Tochtergesellschaft hilflos agierte. War schlichtweg überfordert. Krapps bekam das hin. Der Vorstand war ihm zu Dank verpflichtet. Das schafft Abhängigkeiten, gemeinsame Leichen im Keller.«

»Wie viele Mitarbeiter waren es?«

»Knapp Hundert. Keine große Sache, wie der allgemeine Tenor der Unternehmensführung lautete.« Ihre brüchige Stimme stand im Widerspruch zu ihrem sachlichen Vortrag.

»Nein, einhundert Einzelschicksale.«

»Sag' ich doch.«

Semi wartete einen Moment. »Hinter jeder Entlassung steht ein menschliches Drama! Gab es irgendwelche Hilfen?«

»Vermeintliche Schützenhilfe leistete Krapps.« Bitter setzte sie hinzu: »Im wahrsten Sinne des Wortes.« Sie zuckte zusammen.

Es erschien Semi, als durchlebe Dora die Situation erneut.

»Gab es keine Solidarität?«, fragte er.

»Sie meinen, von den Kollegen der Muttergesellschaft?«

Ihr Gesicht wirkte wie versteinert.

»Die Proteste der gekündigten Mitarbeiter vor den Toren der Hauptverwaltung der Muttergesellschaft halfen nichts. Ich erinnere mich, wie meine Kollegen belustigt von ihren Bürofenstern aus sicherer Entfernung die Ansammlung beobachteten. Von Solidarität keine Spur. In der Mittagspause kam es zu Äußerungen: ›Geschieht ihnen recht.‹ ›Sie wurden mit dem Geld unseres Unternehmens aufgepäppelt.‹ ›Kann ihnen zugemutet werden‹.«

»Berührte das Schicksal der Menschen niemanden?«

»Sie meinen Auswirkungen auf die Firmenkultur? Wer sollte durch eine solche Aktion beeindruckt werden? Der Vorstand? Die Liquidierung war beschlossene Sache. Die operativen Ebenen führten sie durch. Zu gegebener Zeit wollten die Herren die erfolgreiche Umsetzung gemeldet bekommen. Hinter dieser Aufgabe ein Häkchen setzen und ihre Bonifikation einstreichen.«

»Was mir auffällt – Entschuldigung, dass ich das sage – Sie sprechen bei den beruflichen Schilderungen eine andere Sprache. Es ist eine Wortwahl, die von Ihrer sonstigen abweicht.«

»Mir nie aufgefallen.«

»Ich habe Sie unterbrochen. Gab es keine Aktion der gewerkschaftlich organisierten Arbeitnehmer?«

»Eine Initiative des Betriebsrates, um gegenüber dem Vorstand die Verhandlungsposition zu stärken? Es war alles gesetzlich festgelegt. Durch den Sozialplan finanziell abgefedert.« Sie hielt inne. Ihr starres, weißes Gesicht bekam Farbe.

»Demonstrationen. Vor der Hauptverwaltung! Dem Vorstand konnte so etwas nicht zugemutet werden.«

»War es erfolglos?«

»Nicht ganz. Die Mutigen auf der Straße waren das erste Mal keine Kennziffern, sondern Gesichter.«

»Kennziffern?«

»Eine Idee von Krapps, die der Personalvorstand Rellinger gerne aufgriff. Es sollte die Arbeit gerechter machen, sag' ich mal. Losgelöst von den Namen und den Schicksalen. Um nicht alles zu nahe an sich herankommen zu lassen. Die Mitarbeiter von Rellinger arbeiteten mit diesen Kennziffern statt mit den Namen der Leute.«

Sie machte eine bedeutungsvolle Pause.

»Denen lagen besondere Merkmale, wie Alter, Familienstand, Berufsausbildung, akademischer Grad zugrunde. Damit jonglierten die mit der Abwicklung betrauten Kollegen. Sie erstellten Statistiken, Rechenmodelle. Krapps trat als sachkundiger Vermittler auf. Wickelte im Hintergrund die Tochterfirma ab. Er erkannte seine Chance. Präsentierte sich dem Vorstand als unentbehrlich.«

»Abwickeln?«

»Exakt«, blaffte sie. »Alles kriegten sie hin.«

»Und Ihre Kollegen?«

»Meine Kollegen?«

»Ich begreife das nicht. Ihre Kollegen wurden entlassen. Waren die anderen Angestellten nicht verunsichert? Gab es nach diesem Protest vor der Hauptverwaltung persönliche, ich meine, menschliche Reaktionen?«

»Von wem?« Sie schien die Frage nicht zu erfassen.

»Von den Mitarbeitern.«

»Arbeitsrechtlich war alles in Ordnung. Der Mangel an Solidarität? Mitarbeiter, die jetzt mit Anfang, Mitte Fünfzig am Arbeitsmarkt keine Chancen hatten? Bedauerliche Einzelschicksale? Das erschloss sich nicht aus den Kennziffern. Die sich dahinter verbergenden Arbeitnehmer saßen auf den Hypotheken ihrer Häuser. Sie hatten schulpflichtige oder studierende Kinder. Ich sag' Ihnen das.«

»Was fühlten die Kollegen?«

»Nichts.«

»Nichts?«

»Sie reagierten gleichgültig darauf. Betraf sie nicht, bei Gott. Anpassung aus der Furcht heraus, den eigenen Arbeitsplatz zu verlieren. Wen interessieren da Einzelschicksale? Anonym, nur Kennziffern.«

Semi hakte nach: »Sofern der Vorstand sich nicht mit Einzelschicksalen beschäftigte, dann wenigstens mit der Gesamtbelegschaft und dem Betriebsklima?«

»Betriebsklima? Sozialer Klimbim. Für Weihnachten, Jubiläen der Mitarbeiter. Die Herren hatten den Kontakt zu den Mitarbeitern verloren. Es galt allein, die Tochtergesellschaft abzuwickeln. Eine betriebswirtschaftliche Notwendigkeit.«

Sie überlegte kurz. »Bei einem Betriebsratsmitglied der Tochtergesellschaft rundeten sie die Abfindung großzügig. Eine stillschweigende Anerkennung der Kooperation, um Streitigkeiten vor dem Arbeitsgericht zu vermeiden. Es war von Krapps gebrieft.«

»Ging das alles geräuschlos vonstatten?«

»Zwei Mitarbeiter nahmen sich das Leben. Der eine sprang aus seinem Bürofenster im vierten Stock auf die Straße. Der andere vergiftete sich in der Garage mit Autoabgasen.«

»Wie ging die Firma damit um?«

»Pragmatisch, sag' ich mal. Die Hinterbliebenen bekamen drei Monatsgehälter zusätzlich ausgezahlt. Auf diese Geste waren die Verantwortlichen stolz. Sie fanden diese Entscheidung großzügig. Minimierung der Kollateralschäden.«

»Das ist mir unverständlich.« Er hob seine Schultern.

»Hab' ich mir gedacht. Der Fisch stinkt zuerst am Kopf. So ist es bei der Titanus. Die leben eher für sich. Wie Truts …«

»Der verstorbene Vorstandsvorsitzende? Opfer eines Amoklaufs?«, unterbrach sie der Reporter.

»Der bestgehasste Mann im Konzern. Wie Truts bemerkte: ›Jedem steht es frei, in der bürgerlichen Mitte oder unter den Brücken zu leben.‹«

»Wie ist Ihre Meinung?«

»Meine Meinung?« Sie überlegte kurz. »Irgendwann geht es nur noch darum, den erreichten Lebensstandard zu halten. Sag' ich mal. Alle folgen den Meinungen und Überzeugungen der Vorgesetzten. Schaffen ein für sie akzeptables Arbeitsklima. Das erspart ihnen die Magenkrämpfe am Sonntagnachmittag, sobald sie an den Arbeitsbeginn am Montag denken. Das sag' ich Ihnen.«

»Und die Gewinner?«

»Der Vorstand. Bei der Gründung und der Auflösung der Tochtergesellschaft. Diese Aktionen waren Teil der Zielvereinbarung. Dafür bekamen sie ihre Bonifikationen.«

Semi bemerkte, wie Dora tief durchatmete.

»Eine Schwarze Null für die Bilanz. Erzielt durch den Verkauf der Immobilie der Tochtergesellschaft. Es musste die Reißleine gezogen werden. Die offizielle Version.« Sie zögerte. »Eine Floskel aus der Assekuranz. Jetzt fällt mir auf, welche Sprache ich mir angeeignet habe.« Sie blieb stehen. Sah auf den Innenhof. Sagte mehr zu sich: »Es ging mehr darum, die Bilanz des Mutterkonzerns zu schönen. Einfacher gesagt, der Vorstand kümmerte sich um ›neue Herausforderungen‹. Suchte sich eine neue Spielwiese.«

»Wie kommen Sie darauf?«

»Bei der Betriebsversammlung der Titanus wurde die Schließung mit den Worten eingeleitet: Wir sitzen alle in einem Boot. Der Vorstand kennt seine Verantwortung für das Unternehmen, seine Mitarbeiter und deren Familien. Hohle Phrasen, Sprechblasen. Den Mitarbeitern wurde eine neue Führungskraft präsentiert.«

»Der ehemalige Leiter der Tochtergesellschaft?«

»Bei Gott, genau der.«

»Wie bitte?«

»Der saß strahlend in der ersten Stuhlreihe neben Rellinger. Der künftige Mann für strategische Fragen des Konzerns. Für den wurde extra ein neuer Vorstandsposten geschaffen. Ein Posten, der nicht notwendig war, sondern jederzeit gestrichen werden konnte.«

»Gab es noch andere Reaktionen? Ich finde es, gelinde gesagt, beklemmend«, kommentierte Semi.

»Hab' ich mir gedacht. Das setzte sich fort. Bei dem Versand der Kündigungsschreiben an die Mitarbeiter der Kreditversicherung. Das bestehende Arbeitsverhältnis wurde zum 31. März des kommenden Jahres aufgehoben.«

»Der Versand? Was war damit?«

Er bemerkte rote Flecken auf ihrem Gesicht.

»Die Kündigungsschreiben wurden in der zweiten Dezemberwoche verschickt. Erreichten die Kollegen und Kolleginnen zusammen mit den Weihnachtsglückwünschen.«

Sie atmete tief durch.

»Ich habe Ihnen vorher den Mangel an Solidarität geschildert. Die Sorge um die eigene Haut. Ich erinnere mich an ein Gespräch mit Johann Bassinger. Er berichtete mir sichtlich erschüttert von der Unterhaltung mit Krapps. Dieser sagte ihm, was willst du, sie erfüllen ihre Zielvorgaben. Dafür werden sie bezahlt. Das ist in unserem Interesse. Willst du, dass wir die nächsten sind? Dass noch mehr Kapital verschleudert wird? Geld, das unsere fleißigen Kollegen erwirtschaften für einen, für deinen sicheren Arbeitsplatz?«

»Das waren seine Worte?«

»Sinngemäß. Er hatte recht. Aus Sicht der Wirtschaftlichkeitsrechnung, sag' ich mal. Die Manager werden dafür bezahlt, solche Verwerfungen zu sehen und abzustellen.«

»Verwerfungen«, murmelte Semi. »Ein eigenwilliger Sprachgebrauch.«

»Krapps übernahm die Argumente des Vorstandes. Er machte sich mit ihnen gemein.« Semi versuchte, Ruhe in das Gespräch zu bringen. Fragte: »Wie ging es weiter?«

»Rellinger …«

»Der Personalvorstand?«

»Rellinger marschierte mit wichtiger Miene durch die Flure der Hauptverwaltung. Genoss diesen, seinen Triumph der reibungslosen Umsetzung.«

»Reibungslos. Bei zwei Toten?«

»Es wird noch weitere beklagenswerte Opfer gegeben haben. Unbekannt«, sinnierte sie. »Am Tag nach der Abwicklung tauchte er in der Kantine auf. Setzte sich demonstrativ an einen der Tische, mitten im Speisesaal. Alle schwiegen betroffen. Einen Tag später schwatzten meine Kollegen wieder über Privates. Theater oder Fußball. Besonders devote bekundeten ihre Firmensolidarität. Sie trugen demonstrativ am Jackenrevers das Logo der Firma. Eine Nadel aus vernickeltem Stahl. Ein kleines T im Kreis. Drollig! Das Firmenzeichen der Titanus-Versicherung. Sie gaukelten sich Normalität vor. Andere trugen die Firmenkrawatte. Blau, mit einem goldenen, eingewebten T.«

»Aber das Verhalten von Krapps? Er hat klar die Position der Geschäftsführung eingenommen. Die Kollegen hätten ihm ihr Vertrauen entziehen können.«

»Das war die Krux. Standen Betriebsratswahlen an, berichtete Krapps vorher auf einer der Betriebsversammlungen von den zähen, erfolgreichen Verhandlungen mit dem Vorstand. Erläuterte detailliert die Vergünstigungen für die Mitarbeiter.«

»Sie haben das nicht geglaubt?«

»Ich denke, es war ein abgekartetes Spiel. Der Vorstand machte Zugeständnisse. Er wollte sich auf keinen neuen Verhandlungspartner, keinen schwierigen, nicht berechenbaren Interessenvertreter der Belegschaft einlassen. Krapps war einzuschätzen. Sag' ich Ihnen. Taktik, Temperament, Rhetorik, dafür war er bekannt. Und für seine Eitelkeit!«

»Ist das Hörensagen oder gibt es persönliche Erfahrungen?«

»Im Rahmen von Umstrukturierungsmaßnahmen verlor ich meinen Arbeitsplatz. Wegrationalisiert. Westler rückte in den Vorstand auf. Nahm mich als seine damalige Sekretärin nicht mit. Ich stand zur Disposition. Das Personalgespräch führte Rellinger. Er eröffnete das Gespräch mit dem Satz: ›Ein eiskalter Wind weht durch Ihre Personalakte‹. Und endete mit der Frage: ›Wie lange sind Sie bei uns beschäftigt? Morgen noch nicht mitgerechnet!‹ Jetzt geht's los, fand ich und ging zu Krapps. Der war mit allem bestens vertraut. Meinte nur, man darf sich nicht jeden zum Feind machen. Schüttelte bedeutsam seinen Kopf und erklärte, das läuft auf eine Freisetzung hinaus. Kollegin, haben Sie nicht Kontakte im Haus? Harmlos vorgetragen in seinem rheinischen Singsang.«

»Wo sind Sie zurzeit eingesetzt?«

»Ich arbeite im Back-Office. Dort werde ich mit Arbeiten beschäftigt, die die anderen nicht machen wollen. Eine probate Form der Freisetzung. Ich hab' damit gerechnet.«

»Der Betriebsrat musste doch sicher Ihrer Versetzung zustimmen?«

»Das wurde mit dem Begriff *vorübergehend*, unter Beibehaltung der bisherigen Bezüge, bewerkstelligt. Das hat Krapps mir erklärt, als ich nachgefragt habe. Nur, die Kolleginnen schneiden mich, die Besserverdienende. Da geht's zur Sache. Alle warten, dass ich entnervt aufgebe.«

»Was Sie nicht tun werden.«

Sie schwieg.

Dora trat vor das Tor. Blickte zum Himmel. Sie sah die zu Mustern geformten Schäfchenwolken. Schlechtes Wetter, stellte sie fest. Schüttelte missbilligend den Kopf. Schaute auf die gegenüberliegende Straßenseite. Bemerkte den älteren Mann. Sie rannte auf ihn zu. Vergeblich versuchte der zu fliehen. Sie holte ihn ein. Hielt ihn an seinem linken Mantelarm fest. Rief: »Wer sind Sie? Was wollen Sie von mir?«

Er antwortete nicht. Riss sich los. Humpelte den Waidmarkt entlang Richtung Blaubach.

Sie brüllte ihm hinterher: »Belästigen Sie mich nicht! Ich zeige Sie an! Blödmann!«

Sie hastete zu ihrem Auto, das in der Severinstraße parkte. Fuhr Richtung Braunsfeld. Sie bog in die Herzogenrather Straße ein und parkte am Ende der Backsteinhäuser. Eilte auf die Hausnummer 28 zu.

Der Haustürschlüssel fiel ihr aus der Hand. Fluchend bückte sie sich. Sie erreichte die Haustür, öffnete und ließ sie laut ins Schloss fallen.

In ihrer Aufregung hatte sie nicht bemerkt, dass Semi ihr gefolgt war.

Er fuhr in die Paulistraße. Parkte dort und wartete. Zehn Minuten später ging er zu Fuß zu dem Haus zurück. Noble Gegend, dachte er. Bewunderte das Klinkermosaik am Ende der Häuserzeile. Blieb vor der Eingangstür stehen. Studierte das über die Türklingel angebrachte Namensschild: *Susanne Sahlenburg.*

Tage später erschien in der Samstagsausgabe auf Seite zwei von *Köln aktuell* die Fortsetzung über die Assekuranz. Ohne Nennung von Namen.

Der Titel: *Die Tochtergesellschaft*

Untertitel: *Nur ein Kollateralschaden*

Tödliche Verspätung

Die Dame in Blau erschien in den folgenden Wochen verspätet. Immer exakt um eine halbe Stunde. Das minderte das Interesse der Beobachter. Nicht bei Karl Krapps. Er starrte wie gebannt auf die Gartenmauer. Sah auf seine Armbanduhr und wartete. Beobachtete, wie die Angestellten fluchtartig das Bürogebäude verließen. Freitag war für viele ein kurzer Arbeitstag. Gleitzeit und deren Auswüchse, sinnierte er. Die Ersten verließen bereits mittags ihren Arbeitsplatz. Spätestens um fünfzehn Uhr war kaum jemand mehr im Büro.

Er sah auf seine Armbanduhr. Es war sechzehn Uhr vierzig. Die Geräusche verebbten. Das Gebäude verströmte eine gähnende Leere. Die Dame in Blau hatte ihren Platz auf der Mauer noch nicht eingenommen. Gegen siebzehn Uhr sah er, wie sie kam und sich setzte. Sie schaute zu seinem Bürofenster hoch, als suche sie Blickkontakt. Er glaubte an eine Sinnestäuschung. Kurze Zeit später erschien eine zweite Frau in blauer Kleidung. Sie trug wie die erste einen Hut mit einem Tüllschleier, der das Gesicht verdeckte. Wirkte schlanker. Sie setzte sich in einem gebührenden Abstand von der anderen auf die Mauer. Beide würdigten sich keines Blickes. Auffällig, wie in den vergangenen Wochen, waren die großen Broschen. Die zweite sah ebenfalls zu seinem Bürofenster hin. Ihm schien es, als forderten die Frauen ihn auf, zu ihnen zu kommen.

Karl Krapps spürte sein Herz rasen. Er brüllte: »Könnt ihr haben! Nicht mit mir! Mich hält keiner zum Narren. Ich werde es euch zeigen, verdammtes Pack!«

Er stürmte aus seinem Büro, rannte die Treppen hinunter. Hastete an dem Pförtner vorbei auf die Straße. Sah, wie die Frauen aufsprangen. Er hörte die kreischenden Räder eines Autos. Drehte sich dem Geräusch zu. Blickte auf die Scheibe des heranschießenden Fahrzeugs. Sah in das Gesicht der Fahrerin. Die öffnete ihren Mund, wie zu einem Schrei.

Die Öffentlichkeit

Seeger wählte die Telefonnummer von Lore Bassinger. Er hörte das Freizeichen. Es dauerte.

»Ja.«

»Guten Tag, Frau Bassinger. Vor mir liegt gerade die neueste Ausgabe von *Köln aktuell*.«

»Welche?«

»Die Wochenendausgabe.«

»Am Montag?«

»Am Wochenende … Egal. Es gibt auf der zweiten Seite einen Artikel, der sich, wenngleich nicht namentlich, auf die Titanus bezieht. Es sind Interna, die bewusst gestreut wurden. Stimmungsmache.«

»Die Stimmung in der Öffentlichkeit kann mir nützen.«

»Das wird den Richter weder beeindrucken, noch sein Urteil beeinflussen.«

»Warten wir es ab.«

»Treten Sie nicht an die Öffentlichkeit. Es ist ein Spiel mit dem Feuer, das man beherrschen muss.«

»Es ist zu spät. Definitiv.«

»Wie meinen Sie das?«

»Das Kartell des Schweigens. Es wird, hoffentlich, aufgebrochen.«

»Wer bricht es auf? Werden Sie konkret!«

»Das Anliegen meines Mannes, das System der Versicherung, deren Machenschaften an die Öffentlichkeit zu bringen, es findet eine Fortsetzung.«

»Lassen Sie Ihre Andeutungen, Frau Bassinger. Konterkarieren Sie nicht unsere Verteidigungsstrategie.«

»Ich kann Ihnen keine Auskünfte geben.«

»Wieso nicht?«

»Das liegt nicht in meiner Hand.«

»In wessen denn?«

»Betroffene«, Lore holte tief Luft, »gibt es viele. Ich kann sie nicht beeinflussen. Das Ganze hat eine Eigendynamik entwickelt. Definitiv.«

»Verstehe ich nicht.«

»Das Böse, es wohnt in jedem. Gehört zum Leben.«

»Ist das die Basis unserer künftigen Zusammenarbeit? Sie deuten vieles an. Frau Bassinger, was verheimlichen Sie mir?«

»Die Presse hat sich schon des Vorgangs angenommen.«

»Aber aus welchen Quellen schöpft die Presse?«

»Woher soll ich das wissen?«

»Haben Sie eine Vermutung?«

»Nicht wirklich.«

»Was heißt das?«

»Ich sage es Ihnen, sobald ich es weiß.«

»Frau Bassinger, fahren Sie nicht mehrgleisig!«

»Wenn es Ihnen und mir nützt? Ich will unserem Gespräch keine weitere Schärfe geben. Definitiv.«

Verblüfft schwieg der Anwalt. Sammelte sich. »Ich möchte nicht von der Presse überrascht werden. Bitte stimmen Sie sich bei jedem Ihrer Schritte mit mir ab. Vorher!«

»Werde ich«, erwiderte sie knapp.

Seeger ging zum Fenster. Öffnete es. Atmete die frische Luft tief ein. Ruhig war es an diesem Morgen.

Wer ist diese Frau, die so kühl, emotionslos reagiert?

Vom nahen Weiher hörte er die Rufe der Blesshühner.

Das Strafmaß

Seeger hatte Lore zu einem klärenden Gespräch in seine Kanzlei gebeten. Details hatte er in dem Telefonat nicht genannt. Sie schien nicht sonderlich überrascht zu sein. Erkundigte sich nicht nach Einzelheiten.

Pünktlich erschien sie am Freitag um fünfzehn Uhr. Der Anwalt hörte Frau Krögers Stimme: »Gehen Sie bitte durch. Er erwartet Sie.«

Es folgte ein kurzes Klopfen an Seegers Bürotür. Seine Mandantin trat ein.

Lächelnd erklärt sie: »Ich fühle mich schon wie zu Hause. Definitiv.« Lore Bassinger steuerte unaufgefordert auf die Besucherecke zu und nahm Platz.

Seeger erhob sich und beobachtete seine Mandantin. Sie zog ihren grauen Strickmantel aus und legte ihn selbstbewusst auf einen der freien Stühle. Löste den Knoten des violetten Seidenschals. Behielt ihn um. Seeger setzte sich an den Besuchertisch. Frau Kröger störte ihn in seiner Betrachtung. Sie kam strahlend mit einem Tablett in den Raum. Die Teekanne befand sich wie immer zwischen der Zuckerdose und dem Sahnekännchen. Davor zwei Teetassen.

»Durch Zufall habe ich im Hauptbahnhof das Tee-Handelskontor Bremen entdeckt. Ich habe dort Kandiszucker und den Darjeeling-Tee, Golden Flowery Orange Pekoe, gefunden«, erklärte sie stolz. »Heute nicht den Assam!«

Klingt wie auswendig gelernt. Was ist in sie gefahren, dachte Seeger. Er sah auf die zweite Teetasse, die sie ihm ungefragt hinstellte. »Sie bedienen sich bitte, Frau Bassinger«, erklärte die Sekretärin und lächelte Lore aufmunternd zu. Frau Kröger wandte den Kopf kurz nach rechts und bemerkte zu ihrem Chef: »Frau Bassinger hat mir alles über Tee erklärt. Sie wird Ihnen einschenken.«

Seeger schluckte. Ein eingespieltes Team, schoss es ihm in den Kopf. Bevor er etwas erwidern konnte, fragte Lore sanft: »Darf ich das übernehmen?« Sie sah ihn durchdringend an und zog seine Teetasse zu sich her.

Er konnte diesen Blick nicht deuten. Sie senkte die Lider. Nahm mit der Zuckerzange zwei braune Kandisstücke. Goss den Tee darüber. Er hörte das Zerbersten des Zuckers.

Lore setzte das Sahnekännchen vorsichtig an den Tassenrand an. Tropfen breiteten sich auf dem Tee aus. Das Weiß verteilte sich langsam und mischte sich mit der restlichen Flüssigkeit.

Seeger verfolgte die Aktion fasziniert. Er bemerkte Lores schlanke Finger, die gepflegten Nägel.

»Bitte nicht umrühren«, forderte sie ihn auf. Sie blickte auf die vor ihr stehende Teetasse. Schob sie ihm behutsam zu. Übergangslos wollte sie wissen: »Wie geht es für mich weiter?«

»Es kommt auf Sie an«, meinte Seeger.

Lore sah kurz auf. Beschäftigte sich sofort wieder mit ihrem Tee.

»Im Allgemeinen bemisst sich die Strafe nicht nach der Tat, sondern nach der Schuld. Die steht nicht im Gesetz.«

»Was bedeutet das?«

Lore war mit ihrem Teeritual fertig. Sah ihn unsicher an.

»Die Schuld des Täters wird von Fall zu Fall ermittelt. Die Motive und die Ziele sind ausschlaggebend für das Strafmaß. Ging er bei seiner Tat gewissenlos und planmäßig vor? Wie hat er sich nach der Tat verhalten?«

»Im ungünstigsten Fall?«

»Das ist eine interessante Frage.«

Lore, die gerade ihre Tasse zu den Lippen führte, setzte sie ab. »Was soll diese Bemerkung? Sparen Sie sich bitte Ihre Ironie.«

Er blieb unbeeindruckt. Erklärte: »Bei Heimtücke und niedrigen Beweggründen ist es Mord und eine lebenslange Haftstrafe zwingend. Bei einer Affekttat wird von einer verminderten Schuldfähigkeit ausgegangen. Wichtig ist, dass niemand konkret gefährdet wurde.«

Lores Hände zitterten.

»Frau Bassinger, gibt es etwas, das ich wissen muss?«

Sie schwieg.

Seeger strich über die Narbe an seiner Unterlippe. Ein Reflex, wenn sein Misstrauen geweckt worden war.

Die Narbe. Ein Andenken an seine Exfrau. In einem Streit hatte sie einen Aschenbecher nach ihm geworfen. Rot und aus schwerem Glas, den sie auf einer Italienreise in Murano gekauft hatten. Ingrid ging; der Aschenbecher blieb ihm, dem Nichtraucher, erhalten.

In die Stille hinein sagte der Anwalt: »Mordmerkmale gelten bei Habgier, Heimtücke und der Verdeckung einer Straftat als erfüllt.«

»Was in meinem Fall zu beweisen wäre«, äußerte Lore.

»Dass Karl Krapps in hohem Bogen auf die Fahrbahn schleuderte, ist ein Widerspruch zu Ihrem angeblichen Fahrverhalten. Die Höchstgeschwindigkeit beträgt dort 30 km/h. Die Einlassung von diesem Polizisten Domen habe ich überprüft. Es gab für das Unfallopfer …«

»Unfallopfer. Karl Krapps?«, unterbrach sie ihn.

»Es gab für ihn keine Möglichkeit auszuweichen.«

»Das heißt?«

»Der Staatsanwalt könnte daraus ein Motiv machen.«

»Sie sprachen von Affekt. Das war es. Definitiv. Für den Bruchteil einer Sekunde sah ich sein Grinsen. Der Wagen beschleunigte. Ich schrie: Es reicht …!« Lore sah ihn triumphierend an. »So geht es doch! Oder täusche ich mich?« Ihr Tonfall war lauernd.

»Und die beiden Frauen?«

»Was soll mit denen sein?«

»Das frage ich Sie!«

»Zufall. Ich kenne sie nicht. Weiß nicht, woher sie kamen.«

»Oder Kalkül?«

Sie lächelte.

Seeger nahm die Teetasse. Hob sie an seine Lippen. Trank nicht. Kippte sie leicht, damit die Sahne sich gleichmäßig verteilte.

Die bildete den Schleier einer Wolke. Nachdenklich stellte er die Tasse zurück.

»Verraten Sie sich nicht durch Worte oder Gesten! Die Wirklichkeit ist eine andere«, bemerkte er.

Er sah Lore an. Kann ich ihr vertrauen? Er schüttelte den Kopf. Er hatte das Gefühl, als würde die Narbe pochen.

»Als ich Ihren Fall übernahm, wollte ich beweisen, dass die Firma hier eine große Mitschuld trägt. Der klein gehaltene Mensch, der scheinbar nichts wert ist, wehrt sich! Wichtig ist mir, dass das Gericht den Hergang versteht. Dass es die tieferen Gründe und die größeren Zusammenhänge erkennt, die zu der Tat geführt haben. Ich will beweisen, dass das System nicht immer gewinnt. Ich möchte auch den Fall Ihres Mannes neu aufrollen, und zwar in dem anstehenden Prozess.«

»Ich will das auch. Definitiv.«

»Mir kommen Zweifel, ob wir, Sie oder ich, nicht erneut in ein Spiel geraten, dessen Regeln andere aufstellen.«

»Wie kann ich das verhindern?«

Wieder konnte er den Blick seiner Mandantin nicht deuten.

»Seien Sie ehrlich. Sie weichen mir aus. Ich tappe im Dunkeln, und das verstärkt meine Zweifel. Es ist ein Puzzle.«

Sie ging nicht darauf ein. Meinte: »Die Seele kann nicht verdrängen.«

»Was meinen Sie?«

»Die Seele ist der Wohnsitz der Angst.«

Seeger dachte, was für eine Antwort!

Über den Tisch reichte sie ihm ihre Hand und hauchte: »Danke. Ich möchte gehen.«

Nachdem seine Mandantin die Kanzlei verlassen hatte, blieb Seeger am Besuchertisch sitzen. Er nahm die Teetasse. Bemerkte, dass das Getränk kalt war. Er ging ans Fenster. Im Park war niemand zu sehen. Sie wird die U-Bahn genommen haben, dachte er. Draußen perlte leise der Regen.

Er ging zum Schreibtisch. Strich liebevoll mit der linken Hand über die dunkelbraune Holzplatte. Nahm ein weißes Blatt Papier. Starrte darauf. Grübelte lange, bevor er schrieb:

Affekt
Teeritual
Gefühle
Widersprüche
Persönlichkeitsveränderung

Das dritte Gespräch

Seine Informantin lehnte an der mittleren der fünf gemauerten Säulen an der linken Wand der Friedhofsmauer der Kirche, als suche sie Halt. Rechts und links flankiert von den kleinen Mosaiken, die die Stationen des Kreuzwegs darstellten. Sie blickte versonnen auf die verwitterten Grabsteinplatten.

Dieses blasse Gesicht. Ihre Augen wirken eingefallen, dachte Semi. Er sprach sie an: »Ich habe mir für unser heutiges Gespräch das Thema *Die neuen Bundesländer* vorgenommen. Betriebswirtschaftlich und politisch ein interessantes Kapitel. Wie ging die Titanus damit um?«

Mit müder Stimme begann Dora: »Heute sieht alles glänzend, geordnet aus. Sag' ich mal. Die Assekuranz war nicht vorbereitet auf diesen Wandel – wie die Politik. Es gab keine Pläne. Nur Chaos und hektischen Aktionismus, so was von. Die Allianz, mit ihrem Coup der Übernahme der staatlichen Versicherung, war Vorreiter. Mitte 1990 gründete sie, gemeinsam mit der Treuhand, die Deutsche Versicherungs-Aktiengesellschaft. Das war schon starker Tobak.«

Sie löste sich von der Säule.

Beide nahmen ihren Rundgang auf.

»Alle Gesellschaften beackerten anschließend den Markt mit ihrem Personal«, fuhr sie fort.

»Die Versicherungsunternehmen mobilisierten Heerscharen von Mitarbeitern, um sich ihren Marktanteil zu sichern. Es kam nicht auf Qualität und fachliches Können an. Sie nutzten die Aufbruchsstimmung. Goldgräber versuchten ihr schnelles Geschäft, die schnelle Mark zu machen. Ellenbogenmentalität herrschte. Der Fantasie waren keine Grenzen gesetzt. Die jungen Leute aus dem Westen kannten den Wohlstand und die damit verbundenen Annehmlichkeiten. Nicht ihre neue Spielwiese. Mit allen negativen Folgen. Sie waren unfähig, angemessen auf die neue Situation zu reagieren. In die Wüste gehen und Kakerlaken fressen, hieß es.« Schmallippig setzte sie hinzu: »Demütigend und kränkend. Es ging ihnen darum, jemand zu sein.«

Semi fiel auf, dass seine Informantin das Tempo und den Rhythmus ihres Berichts steigerte.

»Die Versicherungsvermittler schufen verbrannte Erde. Sie schlossen Versicherungen ab, die nicht den Interessen der Versicherten, sondern ausschließlich ihren eigenen Provisionsinteressen dienten.«

»Ein Beispiel«, unterbrach Semi sie.

»Lebensversicherungen. Ihre hohen Versicherungssummen entsprachen nicht den finanziellen Möglichkeiten der Kunden. Schufen Verärgerung, wenn sie gekündigt wurden. Die Menschen fühlten sich über den Tisch gezogen. So was von. Sag' ich mal.«

»Wieso?«

»Die Prämien in den ersten Jahren einer Lebensversicherung dienen der Absicherung der Provision für die Vermittler und der Verwaltungskosten. Kündigten die Versicherungsnehmer ihre Verträge nach ein, zwei Jahren, gingen sie selbst leer aus. Nur was man weiß, sieht man. Im Umkehrschluss ...«

»Sie schildern es lebhaft«, lobte Sami.

»Es ging in die zweite Runde. Der Aufbau der Filialdirektionen und des Vermittlernetzes. Die Verpflichtung von Personal in den neuen Bundesländern. Es galt, dem Vorstand der Titanus in erster Linie Namen zu servieren. Der Gesellschaft zu zeigen, dass alle gegründeten Filialdirektionen mit Leitern besetzt waren, es keine vakanten Führungspositionen gab.«

»Kamen diese Führungskräfte aus den alten Bundesländern?«

»Jo, zeitlich befristet. Zunächst. Später kamen sie aus den neuen Bundesländern. Solche, die Erfahrungen mit Westkontakten hatten. Die hatten in Moskau unterrichtet oder eine staatliche Funktion in der DDR. Diese Kader hatten gelernt, nicht aufzufallen. Sich jederzeit anzupassen. Brachten hervorragende Voraussetzungen für ihre neuen Positionen mit, sag' ich Ihnen.«

»Die Geschichte wiederholt sich. Alles erinnert an die Gründung der Bundesrepublik«, meinte Semi sarkastisch. Ihm fiel auf, dass sie die Einzelheiten detailliert und wie beiläufig beschrieb.

Sie blieb stehen. Riss Semi aus seinen Gedanken.

»Eine Pause, Susanne?«

»Moment, woher wissen Sie meinen Namen? Ich habe ihn extra nicht genannt.«

»Recherche«, sagte Semi.

»Recherche?« Sie verzog den Mundwinkel und das »R« zischte giftig. »Schützen Sie so Ihre Quellen?«

»Ich schütze meine Quellen.«

»Was soll das? Sie verspielen Vertrauen! Aber so was von.«

»Nein. Im Gegenteil. Es verstärkt Ihren Schutz. Unbedachte Äußerungen oder unbeabsichtigte Hinweise, die auf Ihre Identität schließen lassen könnten, unterbleiben. Lassen mich sehr vorsichtig agieren. Meine Verantwortung wird größer.«

»Prima, dann haben Sie nachher eine Aufgabe. Als ich die Kirche verließ stand auf der gegenüberliegenden Straßenseite ein alter Mann, der sein Bein nachzieht. Bei unseren bisherigen Treffen war es so.«

»Sie meinen, Sie werden beobachtet?«

»Jo.«

»Ich werde unmittelbar nach Ihnen gehen«, schlug Semi vor. »Gegebenenfalls suchen wir uns einen anderen Treffpunkt.«

»Gehen wir hinein. Mich fröstelt.« Sie zog ihre Schultern hoch.

Im Kirchenschiff setzen sie sich nebeneinander auf eine der Bänke mit Blick auf die Christusfigur am Kreuz vor den bunten Glasfenstern.

»Wo waren wir stehengeblieben?«

Semi spulte das Aufnahmegerät kurz zurück. Susanne erklärte mit gedämpfter Stimme: »Personal für den Innen- und Außendienst in den neuen Bundesländern wurde zu Tarifen verpflichtet, die unter denen der Westler lagen. Sie schufen eine Zweiklassengesellschaft. Bei den Vermittlern gab es eine besondere Provisionsstaffel. Extra für die Produkte und die Vergütung in den neuen Bundesländern. Stark, nicht wahr!«

»Ließen die Mitarbeiter sich diese Zweitklassigkeit gefallen?«

»Am Anfang schon. Aus der Not heraus und aufgrund der Perspektivlosigkeit am Arbeitsmarkt. Die Versicherungsgesellschaften verpflichteten Arbeitskräfte über den eigentlichen Bedarf hinaus, um die Konkurrenz fernzuhalten.«

»Sie meinen, aufs Blaue …«

»Genau. Die kurzfristige Schließung vieler Filialen und die Entlassung der überzähligen Arbeitskräfte waren später die Folgen. Sie bedeuteten zerstörte Hoffnungen und Illusionen.«

»Und die Erfolgreichen?«

»Die Arbeitskräfte aus den alten Bundesländern verdankten ihren Erfolg dem Umstand, dass sie sich auskannten. Nicht ihrem Können oder ihrer Leistung. Sie wussten die Quellen anzuzapfen. Waren den anderen, die sich noch zurechtfinden mussten, voraus. Diese Schaumschläger wurden aber schnell kopiert.«

Susannes Ton wurde bitter. »Die Geldverbrennung ging weiter. Der Vertriebsvorstand …«

»Vogelsang?«

»Jo, Vogelsang. Der hatte eine seiner glorreichen Ideen. Die Gründung eines Schadencenters.«

»Bitte präziser.«

»Schäden wurden zentral an einer Stelle bearbeitet, dem Schadencenter in Ost-Berlin. Sein Beitrag zum staatlich subventionierten Aufbau Ost. Er begründete diesen Schritt mit der Verbesserung des Servicegedankens.«

Sie zitierte mit dunkler Stimme: »Wir sind ein Unternehmen, das seinen Kunden einen exzellenten Service bietet. Darauf beruhen unsere Stärke und die Überlegenheit gegenüber den Direktanbietern.« In normalem Tonfall fuhr sie fort: »Diese Sätze spulte er täglich ab. Die neuen Mitarbeiter erhielten Stundensätze als Ungelernte, knapp unter dem Tariflohn.«

»Wie reagierte der Betriebsrat, besonders Krapps?«

»Der? Der segnete alles ab. Ich weiß nicht, welcher Deal da im Hintergrund lief. Alle waren berauscht von dieser neuen Möglichkeit der Geldvermehrung. Kurzfristig rechnete sich die Neugründung. Bilanztechnisch.«

»Sie sagen das mit einem gewissen Unterton.«

»Die schlechte Bezahlung und die Arbeitszeiten lockten vor allem branchenfremde Kräfte an. Es kam zu Rückständen und Fehlern bei der Bearbeitung der Schadensmeldungen. Das führte zu Verärgerungen der Kunden, der Vermittler und des Außendienstes. Das war nicht mehr zu plätten. Die kamen nicht in die Puschen. Nach zwei Jahren war der Spuk vorbei. Das Unternehmen machte eine Kehrtwende bei der Bearbeitung von Schäden. Ein Sachbearbeiter in den Niederlassungen bearbeitete danach wieder den Schaden von Anfang bis zum Ende.«

Sie machte eine Pause und erklärte dann triumphierend: »Das ist ein Beispiel für den Druck der Kunden und Vertreter, den ich Ihnen bei unserem ersten Gespräch geschildert habe. Erinnern Sie sich?«

»Und Vogelsang? Der Verantwortliche?«

»Vogelsang verteidigte seine damalige Entscheidung. Redete von fehlerhaften Kontrollmechanismen. Lehnte die Verantwortung ab. Erklärte, dass Investitionsmittel der Stadt genutzt wurden. Verschwieg geflissentlich den Imageschaden.«

»Und Krapps?«

»Der ging gestärkt aus dieser Aktion hervor. Bei der geräuschlosen Abwickelung des Schadenbüros war er dabei. Dieses unerfahrene Personal … Er konnte sich dem Vorstand andienen. Im übergeordneten Betriebsinteresse. Starker Auftritt. Dieser Dösbaddel.«

»Wer wurde verantwortlich gemacht?«

»Rellinger. Falsche Personalpolitik. Mangelnde Einarbeitung des neuen Personals. Es gab viele Gründe. Rellinger war schwach. War weder dem Poltergeist Vogelsang noch dem Intriganten Krapps gewachsen. Eine neue Konstellation. Vogelsang und Krapps gegen Rellinger.«

»Wie reagierte Rellinger?«

»Mit einem erhöhten Pillenkonsum. Sag' ich mal. Tauchte für Wochen ab. Verschanzte sich in seinem Büro. Später hieß es, er sei auf einer Tagung führender Wirtschaftskräfte in der Schweiz. Quatsch. Eine solche Gelegenheit hätten sich die anderen Vorstandmitglieder nicht entgehen lassen. In der Schweiz ...«

»Das sehe ich genauso.«

»Vermutlich sollte sein Klinikaufenthalt kaschiert werden.«

Susanne sah ihn mit zusammengekniffen Augen an. Ihre Nasenflügel waren extrem geweitet.

Diesen Moment nutzte Semi. »Danke. Ich konnte mir einen guten Überblick verschaffen. Ein Stückchen Zeitgeschichte.«

»Nicht nur das. Ein Spiegelbild meiner ...«, sie verbesserte sich, »des Auftretens der Assekuranz.«

Susanne trat ins Freie. Wie erwartet befand sich auf der anderen Straßenseite der alte Mann. Sie blickte zum Himmel. Massive, dichte Wolken kündigten Regen an. Hinter sich hörte sie die Schritte von Semi. Zielstrebig ging sie Richtung Blaubach zu ihrem Auto.

Der Titel von Semis Bericht auf Seite zwei in *Köln aktuell* Tage später lautete: *Goldgräberstimmung im Osten. Die Glücksritter.*

Die Waffe

Anwalt Seeger blätterte in seinen Aufzeichnungen zum Fall Johann Bassinger. Er stutzte. Griff zum Telefonhörer und wählte die Nummer von Kriminalhauptkommissar Petersen.

»Guten Tag, Herr Petersen. Sagen Sie, die Tatwaffe im Fall Johann Bassinger, wurde die seinerzeit auf Fingerabdrücke untersucht? Ich kann in den Unterlagen nichts finden.«

»Wieso?«, polterte Petersen. »Die Waffe? Er hat sie in der Hand gehalten. Später lag sie auf dem Boden vor seinen Füßen. Das ist aktenkundig.«

»Daran erinnern Sie sich spontan?«

»Ich studiere gerade noch einmal die Ermittlungsakte von Johann Bassinger.«

»Also nicht.«

»Es bestand kein Anlass.«

»Es besteht die Möglichkeit …«

»Was für eine Möglichkeit?«, unterbrach ihn Petersen. »Worauf wollen Sie hinaus?«

»Gab es Fingerabdrücke von Krapps auf der Waffe?«

»Ich verstehe Sie nicht.«

»Es gab eine zweite identische Waffe. Angeblich befand sie sich im Besitz von Krapps. Im Safe eingeschlossen. Das erklärte er mir jedenfalls, als ich mit der Verteidigung von Johann Bassinger beauftragt war.«

»Hören Sie zu, Seeger. Konstruieren Sie nichts.«

»Sie testeten im Wald ihre Pistolen. Was ist, wenn Krapps seine funktionierende Waffe Bassinger untergeschoben hat. Um sicherzugehen, dass …«

»Stellen Sie eine Verbindung zum alten Fall her? Meinen Sie, dass das der Beschuldigten hilft?«

»Es wurden also keine Fingerabdrücke auf der Tatwaffe untersucht?«

»Kann man nachholen«, gab Petersen gereizt zu Antwort. »Sie wissen, dass ich Ihnen vorab keine Informationen zu unseren Ermittlungen gebe. Wozu das Ganze?«

»Ja, wozu? Nur als Hinweis.«

»Danke. Bis dann.«

Seeger folgerte:

Petersen müssen Zweifel gekommen sein, wenn er jetzt die alten Ermittlungsakten studiert hat. Zumindest sieht er einen Zusammenhang zu Lores Fall.

Die Überraschung

Frau Kröger kam in das Büro von Seeger. »Ich räume schnell das Geschirr ab«, begründete sie ihre Störung. Sie blieb vor seinem Schreibtisch stehen.

Irritiert sah er von der Akte auf. »Ja?«

»Ich habe Susanne Sahlenburg gesehen. Sie wirkte verliebt.«

»Frau Kröger. Ich bitte Sie. Warum nicht? Susanne Sahlenburg ist eine attraktive Frau«, kommentierte er die Neuigkeit unwirsch.

»Ihr junger Liebhaber. Bemerkenswert.«

»Wissen Sie, Klatsch war noch nie meine Stärke.«

»Wenn ich Ihnen den Namen nenne?«

»Frau Kröger, nochmals …« Er war genervt.

»Der Mann an ihrer Seite war Hans Bassinger.«

Seine Sekretärin blickte ihn herausfordernd an. Seeger schnappte nach Luft.

»Sehen Sie«, kommentierte sie seine Reaktion.

Vielleicht liegt hier der Schlüssel zum veränderten Verhalten meiner Mandantin, sinnierte Seeger und pfiff durch die Zähne.

»Ich wusste, es würde Sie interessieren«, erklärte sie triumphierend. Drehte sich um und ging zum Besuchertisch.

Sie beugte sich vor, um die Sachen abzuräumen. Er sah auf ihre Schuhe. Fest und derb. Zum ersten Mal entdeckte er die geschwollenen Fußgelenke. Betrachte den Übergang von ihren Waden zu den Knöcheln.

Dicke Fessel durchzuckte es ihn. Einer der Zeugen beschrieb das auch bei der Dame in Blau. Ferner auffallend große Broschen. Sollte …? Quatsch. Geschwollene Füße haben viele Frauen. Viele tragen große Broschen, beruhigte er sich. Obwohl, sie und Lore Bassinger sind einander sympathisch. Dieser Blickkontakt. Um Gotteswillen, sie wird …

»Frau Kröger«, die Angesprochene drehte sich zu ihm um, hielt das Tablett mit dem Geschirr in ihren Händen, »führten Sie mit

Frau Bassinger Gespräche? Ich meine, während meiner Abwesenheit?«

Sie sah ihn ruhig an. Wartete ab.

»Damals haben Sie offen Partei für Johann Bassinger ergriffen.«

»Ich sah in ihm ein Opfer des Systems. Ich konnte seine Wut nachvollziehen, ausgeschlossen zu sein. Sich überflüssig zu fühlen. Wertlos.«

»Und heute? Wie stehen Sie zu meiner Mandantin?«

Sie zögerte: »Bei der Geschichte. Es fällt mir schwer, neutral zu sein. Auch sie hat Demütigungen und Kränkungen erlitten.«

»Gab es ohne mein Beisein Gespräche zwischen Ihnen und Frau Bassinger? In meinem Sekretariat, wenn sie wartete?«

Sie zögerte. »Einmal kam sie unangemeldet, als sie ihren Leihwagen, den sie gegenüber geparkt hatte, abholen wollte. Sie waren bei Gericht.«

»Gab es einen Anlass für den Besuch hier in der Kanzlei?«

»Ich dachte, sie wollte sich bei Ihnen bedanken. Sie ging allerdings, ohne dass ich Ihnen etwas ausrichten sollte.«

»Worüber sprachen Sie denn?«

»Wir plauderten unter anderem über die Teezubereitung. Den aus Assam trinkt sie am liebsten.«

Schweißperlen bildeten sich auf ihrer Stirn.

»War das alles, Frau Kröger? Ich kenne Sie!«

»Nein. Sie erzählte mir aus ihrem Leben. Unvermittelt. Sie öffnete sich mir gegenüber regelrecht.«

»Wann war das?«

Sie grübelte. Er sah, wie das Tablett in ihren Händen zitterte.

»Ich glaube, fünf oder sechs Wochen nach dem Tod ihres Mannes.«

»Sie besitzen ein gutes Gedächtnis. Das war vor dem Verkehrsunfall von Lore Bassinger mit Karl Krapps.«

Sie nickte, wirkte erleichtert. »Wieso fragen Sie?«

»Nur so.«

»Nur so?«, wiederholte sie achselzuckend.

Saskia Wanninger

Saskia zog den Stuhl geräuschvoll an Semis Schreibtisch heran. Ihm fielen ihre lackierten Fingernägel auf. Das war nicht neu. Neu war, dass sie sich für jeden Nagel eine andere Farbe ausgesucht hatte. Er wagte nicht, sich vorzustellen, wie sich die Kombination an den Fußnägeln fortsetzten würde. Sie bemerkte seinen Blick und bewegte ihre Finger.

»Ist gut, Saskia. Du bist neu verliebt. Wer ist der Glückliche? Einer von uns?«

»Du weißt, mein Bester: wenn einer, dann nur du. Komm, um was geht's?«

»Es geht um einen Mann, der hinkt.«

»Ein Fan von dir?«

»Nee. Treffe ich mich mit meiner Informantin, ist er da.«

»Wo finde ich ihn, und wie erkenne ich ihn? Ich meine, außer dass er hinkt.«

»Ein Mann mit schütterem Haar und grauem Gesicht. Er war bei der Beerdigung von Karl Krapps. Das ist mir eingefallen, als ich mich zuletzt mit meiner Quelle getroffen habe. Der besagte Mann steht regelmäßig dienstags um sechzehn Uhr gegenüber dem Eingang der Kirche Sankt Georg am Waidmarkt. Fränzchen hat Fotos von ihm gemacht. Er soll sie dir zeigen.«

»Was macht der hinkende Mann dort?«

»Saskia, er spioniert uns nach.«

»Zu auffällig, wenn du ihn bemerkst.«

»Oder er will mich, beziehungsweise meine Quelle, einschüchtern.«

»Komm, Semi, mach's nicht so spannend.« Saskia setzte ihr Fingerspiel ein. »Ich brauche mehr Futter.«

»Ich muss meine Informantin schützen.«

»Hängt es mit der Artikelserie über die Versicherung zusammen?«

»Ja. Ich weiß nur nicht, wie und warum.«

»Gefährlich?«

»Könnte er für meine Quelle sein. Mehr Infos sind für heute nicht drin.«

»Schade. Was soll ich machen?«

»Ich brauche den Namen, die Adresse. Fotos. Eventuell gibt es etwas in unserem Archiv über ihn. Berufliche, persönliche Dinge.«

»Das volle Programm?«

»Schätzchen, du weißt, was zu tun ist.«

»Klingt spannend, Semi.«

»Danke, Schätzchen.«

Saskia entgegnete nichts. Schnalzte mit der Zunge.

Tage später beförderte Saskia schwungvoll einen Plastikschnellhefter auf Semis Schreibtisch.

»Du glaubst nicht, was ich entdeckt habe«, erklärte sie triumphierend.

Der Aktiendeal

Susanne Sahlenburg hatte am Telefon aufgeregt geklungen. Sie bat Semi um ein kurzfristiges Treffen. Er betrat die Kirche. Sah sie nicht auf Anhieb. Er hatte viel Zeit mit der Parkplatzsuche vergeudet. Endlich entdeckte er sie. In der Nische vor dem Triptychon. Sie saß auf der Bank. Den Kopf gesenkt. Die Hände gefaltet. Wie zu einem Gebet. Er tippte auf ihre Schulter. Sie zuckte zusammen.

»Hat Sie jemand verfolgt? Dieser humpelnde Mann?«, fragte sie.

»Nee, keiner. Am Telefon haben Sie nervös geklungen.«

»Nervös? Dafür kann ich nix. Ich konnte meine Empörung nicht zügeln«, korrigierte sie ihn. »Ich muss Sie von den kurzfristigen Aktienverkäufen unserer Vorstände unterrichten.«

»Was ist ungewöhnlich daran?

»Sie verkaufen kurzfristig in großen Mengen.«

»Woher wissen Sie das?«, fragte Semi lauernd.

»Die Vorstandsekretärinnen tauschen sich untereinander aus. Was nicht gern gesehen wird. Ich gehöre nicht mehr dazu. Doch die Kontakte sind vorhanden. Das Netzwerk hält.«

»Ihre Kolleginnen haben dieses Gerücht gestreut«, er zögerte und ergänzte, »bewusst?«

»Nö. Sie haben die Order an die Banken gegeben. Das ist geschickt eingefädelt. Mit der Verpflichtung des neuen Vorstandsvorsitzenden, Dr. Clausenthal, ist der Aktienkurs gestiegen.«

»Eine optimistische Stimmung, die sich im Kurs widerspiegelt.«

»Richtig. Nun aber, nach kurzer Zeit, diese massiven Verkäufe!«

»Ohne nachvollziehbare Gründe?«, wollte Semi wissen.

»Jo. Sie werden sich negativ auf den Aktienkurs auswirken. Gerichtet gegen Clausenthal. Die Aktionäre sollen unruhig werden.«

»Vermuten Sie?«

»Nicht, wenn der Hauptverkäufer Vogelsang heißt.«

»Beweise?«

»Die krieg' ich über die Brücken geschaukelt.«

Sie hörten Schritte und Gemurmel. Susanne drehte sich ängstlich um.

»Bitte gehen Sie zuerst. Halten Sie Ausschau nach dem alten Mann auf der anderen Straßenseite.«

Susanne verließ nach Semi die Kirche und sah zum Himmel. Die weißen Schleier vor der Sonne schienen ihr dichter und tiefer gesunken zu sein als bei ihrem Eintritt. Sie kündigten Regen an. Susanne blickte zu der gegenüberliegenden Straßenseite. Es war kein Mensch zu sehen.

Der nächste Bericht von Semi, erneut auf der zweiten Seite, beschäftigte sich mit dem Aktienhandel der Vorstände.

Sein sperriger Titel lautete:

Die privaten Käufe und Verkäufe von Aktien der Vorstände als Unternehmenskultur

Ergänzt um den reißerischen Untertitel:

Bilanzschönung und Machtpoker

Saskias Bericht

Ich bin bei meinen Recherchen auf einen Friedrich Domen gestoßen. Der wohnt im Industriegebiet von Frechen. Die erste Auffälligkeit. Die zweite: Er lebt dort zusammen mit seinem ledigen Sohn, Dennis, einem Polizisten. Sie haben drei Zimmer im oberen Stockwerk eines Bürogebäudes. Angeblich, um das Haus zu überwachen.«

»Das wird sich im Mietpreis widerspiegeln.«

»Wenn sie was zahlen. Kläre ich noch.« Saskia warf ihre Lippen trotzig auf. »Ich habe zu einer Angestellten der Firmen im Bürogebäude Kontakt aufgenommen und die abgeblitzte Geliebte gespielt. Ich bleibe dran.«

Saskia lehnte sich zurück. Erklärte bedeutungsvoll: »Eine weitere Ungereimtheit: Im Jahr 2004 gab es einen Verkehrsunfall mit mehreren Verletzten. Unfallverursacher: Friedrich Domen. Versichert bei der Titanus. Unfallzeuge war … Du wirst es nicht glauben …!« Sie grinste.

»Schätzchen, mach' es nicht so spannend.«

»Karl Krapps.«

»Wow.«

»Der hat zugunsten von Domen ausgesagt. Die andere Seite prozessierte erfolglos.«

»Das heißt, die Titanus musste nicht zahlen.«

»So ist es.«

»Kannst du das belegen?«

»Klar. Es gibt zahlreiche Zeitungsartikel. Sie sind in der vor dir liegenden Mappe.«

»Du bist die Wucht.«

»Ich weiß.«

»Die nächste Überraschung: Friedrich Domen behielt ein steifes Bein zurück. Bezieht seit dem Verkehrsunfall eine Berufsunfähigkeitsrente.«

»Sagt wer?«

»Die erwähnte Angestellte«, flötete Saskia. »Sie war nicht gut auf ihn zu sprechen. Er hinkte immer mit dem Beschwerdebuch unter dem Arm herum.«

»Das alles schafft Abhängigkeiten.«

»Dankbarkeit, was weiß ich. Auf alle Fälle ermittelte Domen danach für die Titanus.«

»Offiziell?«

»Eher nebenbei.«

»Ein Zubrot? Hast du Beweise?«

Siskia schüttelte den Kopf. »Ich bin noch dran. Ich habe mit dem Pförtner bei der Titanus geschwatzt. Fragte nach Einzelheiten seines Jobs. Wie er das alles meistert. Sich auf jeden Einzelnen einstellen muss. Das sei eine verantwortungsvolle Arbeit, lobte ich ihn. Ich habe seinen Nerv getroffen. Er legte los. Wie sie seine Abteilung ausgliederten. Kostenminimierung zulasten der Angestellten. Über Nacht. Nun arbeitet er bei einer externen Dienstleistungsgesellschaft. Von wegen vierzehn Gehälter, dreißig Tage Urlaub, Altersversorgung! Arrogant behandeln ihn seine ehemaligen Kollegen. Diese Anzugträger. Wenn diese Wichtigtuer die Empfangshalle betreten, um zu den Fahrstühlen zu eilen. Ihn kaum grüßen. Ich erwähnte Domen. Machte auf ahnungslos. Er war richtig redselig. Dieser hinkende Mann. Tat dicke mit Krapps. Irgendetwas verband die beiden. Undurchsichtig, nicht offiziell. Er will sich umhören.«

»Wie seid ihr verblieben?«

»Ich gab meiner Empörung richtig Ausdruck. Ich habe mit den Fingern meiner rechten Hand auf der Empfangstheke getrommelt. Er sah meine Fingernägel. Meinte, ich sei eine tolle Frau. Ob wir nicht einen Kaffee trinken wollten.«

»Und?«

»Klar sagte ich zu. Ließ Ort und Zeitpunkt offen. Stellte ihm meinen Telefonanruf in Aussicht.«

»Prima. Du bist die Wucht.«

Saskia schnalzte mit der Zunge. »Das ist noch nicht alles. Ich erwähnte den bedauerlichen Unfall. Er lebte auf. Jeden Freitag hat er einen weißen Mercedes in der Nähe des Haupteingangs gesehen, in dem eine Fahrerin wartete.«

»Konnte er sie erkennen?«

»Das nicht. Nur, dass sie ein Kopftuch und eine große Sonnenbrille trug. Das war zu der Zeit, als diese Geschichte mit der Dame in Blau begann. Sie wartete so lange, wie die auffällig gekleidete Frau auf dem Mäuerchen saß. Ging diese, fuhr sie davon. Als er einmal Krapps darauf ansprach, zuckte der nur mit den Achseln und meinte, er solle provoziert werden. Ein Komplott gegen ihn.«

»Du bist ein Teufelsweib«, lobte Semi.

Die Fotos

Es war diesmal Semi, der Susanne Sahlenburg um ein kurzfristiges Treffen in Sankt Georg gebeten hatte. Als er das Gotteshaus betrat, schweifte sein Blick zunächst in das Innere. Dann entdeckte er sie. Sie lehnte an einer der angedeuteten Säulen der Friedhofsmauer. Er ging auf sie zu. Sie verharrte in ihrer Haltung und sah ihn fragend an. Ohne Begrüßung kam er zum Thema des Treffens: »Ich habe Fotos bei mir. Bitte schauen Sie sich die an.«

»Wozu?«

»Vielleicht erkennen Sie die Personen. Es sind Aufnahmen von der Beerdigung von Karl Krapps.«

Semi nestelte in der Jackentasche seines grün-grauen Tweedjacketts. Zog einen zerknitterten braunen Briefumschlag heraus. Sie nahm ihn und setzte sich auf eine der weißen Bänke im Innenhof. Semi wartete, setzte sich rechts von ihr hin. Die Sahlenburg schaute auf das erste, wellige, Bild. Schnaufte und fragte: »Wer ist die?«

»Das ist Frederika. Der Name stand auf der Kranzschleife.«

»Sicher?« Susanne Sahlenburg lehnte sich zurück.

»Sie schritt mit einer weißen Rose als Erste hinter dem Sarg her. Weiße Rosen waren der Blumenschmuck von einem der drei Kränze.«

»Frederika?«, wiederholte Susanne. »Die damalige Dame in Blau hat also einen Namen. Ich wusste es von Anfang an, dass Krapps ... Schon als ich ihn mit dieser Frau in der Philharmonie gesehen habe. Lassen wir das.«

Sie sah sich das zweite Foto an und meinte: »Das ist der Hinkende, der auf der anderen Straßenseite.«

»Friedrich Domen aus Frechen. Ein pensionierter Kriminalkommissar. Sie kennen ihn nicht? Sind ihm vorher nie begegnet? Bei der Titanus vielleicht?«

»Nö, wieso?«

»Er arbeitet für die Titanus.«

»Unmöglich. Das wäre mir aufgefallen. Oder einer von der Schadenabteilung hätte ihn erwähnt. Nichts bleibt im Hause geheim.«

»Vielleicht arbeitete er nur für Karl Krapps?«

»Denkbar ist alles«, seufzte Susanne.

»Die Personen auf den anderen Fotos? Kennen Sie die?«

»Das sind die Abteilungsleiter aus der Haftpflicht- und Kraftfahrtzeugabteilung. Auf dem anderen zwei Betriebsratskollegen. Komische Anzugsordnung.«

»Wieso?«

»Sie tragen keine schwarzen Krawatten. Die hellen Hosen und Jacketts. Die Mäntel locker über die Schultern gelegt. Sie wirken auf mich, als wären sie gerade von der Arbeit gekommen. Geschmack und Pietät … Wenig wertschätzend. Sag' ich mal. Zumindest bei den Kränzen hat die Titanus das Budget ausgeschöpft. Diese Farben. Gelb und blau. Wie die der Werbebroschüren der Titanus«, schloss Susanne. »Dazu die Dame in Blau!«

Semi verstaute die Bilder in seiner Jackentasche.

»Bemerkenswert waren die Reaktionen der Leute, die Krapps das letzte Geleit gegeben haben. Frederika schleuderte die Rose mit sichtlicher Verachtung in die Grube. Drehte sich um und ging. Domen nahm mehrmals die Schaufel mit der Erde. Warf das Erdreich kräftig in die Grube. Es klatschte laut auf den Sarg. Bei dieser Aktion umspielte ein feines Lächeln seinen Mund. Er atmete sichtbar auf, schien erleichtert zu sein.«

»Und die anderen?«

»Die besser gekleideten Herren, die Sie als Abteilungsleiter identifizierten, nahmen jeweils eine Schaufel mit Erde. Warfen diese teilnahmslos auf den Sarg. Nur die zwei Betriebsratsmitglieder falteten die Hände und verweilten zu einem kurzen Gebet, bevor sie die Schaufel mit Erde füllten. Keinen schien es zu stören, dass wir unsere Fotos machten. Es gab keine Frage an uns.«

»Was hatten Sie erwartet?«

Semi zuckten mit den Schultern. »Ich weiß nicht.« Er sah sie an. Legte bewusst eine Gesprächspause ein. Erklärte: »Das ist noch nicht alles. Es gibt da eine undurchsichtige Sache, an der Friedrich Domen beteiligt war. Vielleicht der Schlüssel für seine verdeckte Arbeit.«

»Sie machen mich neugierig.«

»Friedrich Domen war in einen Verkehrsunfall verwickelt.«

»Das ist nichts Ungewöhnliches. Das passiert selbst einem Kommissar.«

»Richtig. Hier liegt der Fall anders. Er war bei der Titanus versichert.«

»Auch das ist nichts Ungewöhnliches.«

»In diesem Fall schon. Unfallzeuge war Krapps. Er sagte in dem Gerichtsprozess zugunsten von Friedrich Domen aus. Im Endeffekt musste die Titanus nicht zahlen.«

»Nicht einmal ein Vergleich?«

»Nein. Es gab einen Freispruch erster Klasse.«

»Pikant. Der Leiter der Kraftfahrtabteilung trifft bei der Beerdigung von Krapps auf den Hinkenden. Das gefällt mir! Aber so was von.«

»In der Trauerhalle und am Grab hielten sie Abstand. Würdigten einander keines Blickes.«

»Theater? Bei einem kleinen Kreis nickt man sich zu. Stillschweigendes Einvernehmen. Gemeinsame Trauer verbindet … Sag' ich Ihnen.«

»Ich weiß nicht. Bei dieser Konstellation? Etwas anderes: Der Verkehrsunfall. Sicherlich gibt es Unfallunterlagen.«

»Die gibt es. Zumindest ist der Schaden bei der Kraftfahrtabteilung im Computer erfasst. Interessant. Haben Sie Details?«

»Der Unfall ereignete sich am 15. Juni 2004. Die Geschädigten waren die Familie Fleischhauer. Vater, Mutter und Sohn. Angeblich soll der Sohn, vom Rücksitz aus, den Vater abgelenkt haben. Das habe ich in den Pressenotizen aus unserem Archiv gelesen.«

»In solchen Fällen gibt es eine Akte bei der Rechtsabteilung der Titanus. Bestimmt im Archiv«, erklärte Susanne.

»Werden Sie der Sache nachgehen? Besteht die Möglichkeit, an die Unterlagen zu kommen?«

»Wissen Sie, was Sie von mir verlangen? Welche Lawine wir unter Umständen lostreten?«

»Werden Sie es machen?«

Sie zögerte. Warf die Lippen auf. »Soll' mir schon gelingen. Ein bisschen Kriminelles reizt mich. Die kriegen ordentlich Zunder.«

Während des gesamten Gesprächs hatte Semi den seltsamen starren Blick seiner Gesprächspartnerin bemerkt.

Er verließ kurz nach Susanne die Kirche. Sah auf die gegenüberliegende Straßenseite. Suchte vergeblich Friedrich Domen.

Die Aussage

Der Pförtner vom Nebengebäude des Polizeipräsidiums rief Petersen an. »Hier ist ein Herr, der Sie in Sachen Lore Bassinger zu sprechen wünscht.«

»Okay, schickten Sie ihn bitte zu mir hoch.« Petersen lächelte. In all den Jahren hatte der Pförtner die gestelzten Formulierungen beibehalten.

Es klopfte energisch an die Bürotür. Petersen sah von seinem Bildschirm auf.

Ohne eine Antwort abzuwarten, betrat der Besucher den Raum. Er hinkte.

»Mein Name ist Friedrich Domen. Sie ermitteln im Fall Lore Bassinger. Richtig?«

Petersen nickte. »Nehmen Sie bitte Platz.« Er wies auf den freien Stuhl vor seinem Schreibtisch.

»Was führt Sie zu mir, Herr Domen?«

»Ich bin, ich war ein Freund von Karl Krapps. Ich glaube nicht an einen Verkehrsunfall.«

»Wie kommen Sie darauf?«

»Er rief Tage vorher an und meinte, es bestehe ein Komplott gegen ihn und er könne es beweisen.«

»Welches Komplott?«

»Das wollte er mir bei einem Treffen sagen.«

»Kam es dazu?«

»Nein. Wir waren für das Wochenende verabredet. Ich sollte zu ihm nachhause kommen. Er wollte mir Unterlagen zeigen, Namen nennen. Er starb an dem Freitag davor.«

»Schildern Sie mir den Sachverhalt.«

»Ich kenne das Prozedere. Ich war bis zu meiner Pensionierung bei der Polizei.«

»In Köln?«

»Nein, in Düsseldorf.«

»Domen? Sind Sie verwandt mit einem Dennis Domen?«

»Er ist mein Sohn und hat den Verkehrsunfall aufgenommen.«

»Ach ja. Klar«, brummte Petersen. »Bitte fangen Sie an.«

Der Besucher räusperte sich und spulte seine Geschichte ab. Am Ende sagte Petersen: »Ich werde das Protokoll aufnehmen. Während ich schreibe, lese ich es Ihnen laut vor. Sie korrigieren mich bitte bei Unstimmigkeiten. Anschließend drucke ich es aus. Sie unterschreiben es mir und bekommen eine Kopie. Beginnen wir:

Es erscheint am Mittwoch, dem 30. Mai 2007, 10:40 Uhr, Friedrich Domen, geboren am 20. August 1934, wohnhaft 50226 Frechen, Europa-Allee 17, ausgewiesen durch den Reisepass Nummer 201 8699529 der Bundesrepublik Deutschland, und erklärt: Ich war mit Karl Krapps befreundet. Vor seinem Tod bat er mich um ein kurzfristiges Treffen. Er wollte mir Unterlagen vorlegen, die ein Komplott gegen ihn aufzeigen. Er erwähnte Zusammenhänge mit dem Tod von Johann Bassinger. Sprach von Rache, an der mehrere Personen beteiligt seien, deren Namen er nicht nannte. Es kam nicht zu einem Treffen mit Karl Krapps, da dieser bei einem Verkehrsunfall vor dem Firmengebäude der Titanus-Versicherung Aktiengesellschaft verstarb. Unfallverursacherin ist Lore Bassinger. Dies machte ihn (Domen) stutzig, so dass er eigene Recherchen anstellte. Der Pförtner der Titanus-Versicherung berichtete ihm, dass jeden Freitag eine Frau in Blau gegenüber dem Gebäude der Versicherung erschien. Das Ganze glich einem inszenierten Auftritt. Vor Karl Krapps Tod beobachtete der Pförtner, dass wiederholt ein weißer Mercedes in der Nähe des Haupteinganges parkte. Ein solches Fahrzeug fuhr die Unfallverursacherin. Pressemitteilungen, die Insiderwissen wiedergaben, veranlassten ihn (Domen), nach den Quellen zu forschen. Er beobachtete, dass Frau Bassinger und ihre Kinder sich mit der ehemaligen Sekretärin des verstorbenen Johann Bassinger trafen. Ferner kam es zu regelmäßigen Treffen zwischen der Sekretärin Bassingers und dem Reporter Semi Brandt. Ort: die romanische Kirche Sankt Georg am Waidmarkt. Er vermutet hier die Übergabe von brisanten Daten sowie die Drahtzieher des Komplotts gegen Karl Krapps und die Titanus.

Ist das alles richtig wiedergeben?« Mit dieser Frage wandte sich Petersen an Domen.

»Ja. Nur wo erwähnen Sie die kriminelle Handlung, die mit dem Tod meines Freundes endete?«

»Das ist Ihre Vermutung. Können Sie die beweisen?«

»Deshalb bin ich hier. Sie müssen dieser Spur nachgehen! Diese Auffälligkeiten. Das sind keine Zufälle.«

»Das, was Sie sagen, ist vage.«

Domen runzelte die Stirn. »Dennis hat Sie mir als einen gewissenhaften Menschen geschildert.«

»Er spricht mit Ihnen über ein laufendes Verfahren?«

»Das bleibt nicht aus. Wir leben schließlich unter einem Dach. Er wusste von dem beabsichtigten Treffen zwischen Krapps und mir. Als er das Unfallprotokoll aufnahm, erinnerte er sich und sprach mit mir über die Auffälligkeiten.«

»Schwierig als Beweis. Die Verteidigung ... Okay, welche denn?«

»Zum Beispiel, dass Frau Bassinger mit hoher Geschwindigkeit auf meinen Freund zugerast sei. Diese sogar noch erhöhte. Es sind dort nur 30 km/h erlaubt. Ferner, dass zwei identisch gekleidete Frauen den Unfallort fluchtartig verließen.«

»Das wissen Sie vom Hörensagen! Sie waren Unfallzeuge?«

»Nein, das nicht. Der Pförtner hat es mir berichtet.«

»Der Pförtner der Titanus-Versicherung?«

»Dem entgeht nichts.«

»Weiter.«

»Das habe ich Ihnen gerade zu Protokoll gegeben. Er sah jeden Freitag den Unfallwagen in der Nähe des Haupteingangs. Eine Person saß hinter dem Steuer und wartete. So lange, wie die auffällig gekleidete Frau gegenüber auf der Mauer saß. Ging sie, fuhr das Auto fort.«

»Was schließen Sie daraus?«

»Es war ein Mord aus niedrigen Beweggründen. Heimtückisch. Gemäß Paragraph 211 des Strafgesetzbuches sollte der Richter den Haftbefehl ausstellen.«

»Meinen Sie.«

»Sichern Sie die Beweismittel, indem Sie eine Hausdurchsuchung in der Wohnung von Karl Krapps veranlassen!«

»Dazu ist eine richterliche Anordnung nötig.«

Petersen beugte sich vor und sah auf seinen Computer.

»Ich schließe das Protokoll und drucke es aus. Sie unterschreiben es mir bitte. Eine Kopie ist für Sie.«

»Ist das alles?«

Petersen zeigte mit der Spitze des silbernen Kugelschreibers auf Domen.

»Ich kann verstehen, dass Sie enttäuscht sind. Wir müssen uns aber an Fakten halten. Gehen Sie davon aus, dass ich den Fall nicht so schnell zu den Akten lege.«

Er reichte ihm den Kugelschreiber. Widerstrebend unterschrieb Domen das Protokoll. Die Kopie steckte er ein. Erhob sich.

»Meinen Kugelschreiber bitte.«

»Entschuldigung. Ich habe ihn in Gedanken eingesteckt.«

Allein im Raum stierte Petersen auf das Protokoll.

Alles Rokoko

Erneut saßen sie in der Besucherecke zusammen. Seeger trug ein weißes Hemd zu der schwarzen Jeans.

»Weißt du Ellen, ich will mit dir in aller Ruhe sprechen. Dich vor den Folgen schützen, die du nicht abschätzen kannst. Mir kommen Fragen, die sich mir bisher nicht stellten. Neue Probleme, im Zusammenhang mit der Verteidigung deiner Mutter.«

»Fragen Sie, Herr Dr. Seeger, nur bitte nicht in diesem pathetischen Ton. Echt nicht.«

Der rieb über seinen Handrücken.

In diesem Moment kam Frau Kröger und servierte Kaffee. Sie goss ihn in die weißen Porzellantassen ein. Reichte eine Ellen. Die behielt die Tasse in ihrer Hand. Beobachtete die Bläschen auf der Oberfläche des dampfenden Kaffees. Bemerkte: »Mal probieren, ob der für den menschlichen Genuss zugelassen ist.«

Sie setzte die Tasse ab. Frau Kröger sah Ellen an und erklärte: »Ihre Mutter bevorzugt Tee. Schwarzen Tee. Mit Sahne. Sie trinkt nie Kaffee.« Lächelte gutmütig und drehte sich um.

Ellen sah ihr nach. Der Anwalt folgte ihrem Blick. Der blieb an den starken Knöcheln seiner Sekretärin hängen. Er schmunzelte.

»Zeugen sprechen teils von einer jungen, teils von einer alten Dame in Blau«, nahm er das Gespräch wieder auf.

»Was? Jung und Alt?«

»Zwei Personenbeschreibungen.«

»Ungenaue Zeugenaussagen. Alles Rokoko.«

»Beweiserhebliche Tatsache«, murmelte Seeger. »Es geht um zwei Frauen, die auffällig blau gekleidet waren.« Er strich sich über seinen Dreitagebart.

»Zufälle gibt es. Heftig.«

»Denke ich auch. Zwei Lockvögel.«

»Krass. Lockvögel.«

»Eine Falle«, erklärte Seeger.

»Alles Rokoko. Hinkt einer der Zeugen?«

»Wie kommst du darauf?«

»Unsere Mutter erwähnte eine Begegnung mit einem Alten in der Kirche Sankt Georg. Der hinkte und kam ihr nicht geheuer vor. Mehr kam von Susanne.«

»Susanne Sahlenburg? Was ist mit der?«

»Sie fühlte sich von dem Hinkenden bedroht. Er verfolgte sie. Geil. Ein Gesprächsthema zwischen unserer Mutter und der Sahlenburg. Sie fragten mich nach ihm. Vermuteten ihn in einem Zusammenhang mit der Titanus. Susanne kannte sogar seinen Namen: Friedrich Domen. Aber nicht von der Titanus.«

»Woher kannte sie ihn denn?

»Weiß ich nicht.«

»Du kennst den hinkenden Mann?«

»Erst als sie ihn mir beschrieben haben. Ich sah ihn kurz vor dem Ende meines dritten Lehrjahrs, als er das Büro von Karl Krapps verließ«, antwortete sie. »Er ging schwerfällig. Das linke Bein machte ein schlurfendes Geräusch. Ich fragte Onkel Karl nach diesem merkwürdigen Besucher. Er meinte, der sei zufällig da. Hätte sich vertan.«

»Ausgerechnet an diese zufällige Begegnung erinnerst du dich jetzt?«

»Hundert pro. Eine Woche später kam der Alte wieder aus dem Büro von Onkel Karl. Ich wusste, dass das kein Zufall sein konnte. Karl hatte gelogen. Ich fragte ihn. Er meine: der leistet mir privat Hilfe.«

Seeger lächelte über Ellens erfrischende Trotzigkeit.

»Er verlegte sich auf Halb- und Unwahrheiten?«

»Halb- und Unwahrheiten? Nein, er log.«

»Ihm fehlte der Mut zur Wahrheit.«

»Geniale Begründung, Herr Dr. Seeger.«

»Genial?« Der Anwalt schüttelte den Kopf. »Nach deiner Schilderung ging diese Person bei Karl Krapps ein und aus?«

»Ja. Ist doch super, dass die das heute noch machen.«

»Wer?«

»Na, die Titanus. Karl Krapps ist nicht mehr. Domen arbeitet weiter für die. Setzt dieser Verein von Versagern jetzt Hinkebein offiziell ein?«

»Erwähnte Karl Krapps den Namen Friedrich Domen dir gegenüber?«

»Hinkebein? Der muss viel in der Birne haben. War Kommissar.«

»Ich meine seinen Familiennamen.«

»Nein. Nur Kommissar. Das bemerkte er, um sich vor mir, der dummen Auszubildenden, wichtig zu machen. Alles Rokoko.«

»Domen? Domen, Domen …« Seeger grübelte. »Der Name sagt mir irgendetwas.«

Ellen rutschte auf dem Sessel hin und her. Ihr kurzer Rock schob sich hoch.

Seeger bemerkte einen Schmetterling auf ihrem Oberschenkel. Eine ausgefallene Tätowierung, ein prächtiger Schmetterling, dachte er. Ingrid hat eine solche Brosche getragen. Manche Frauen tragen derartige Schmuckstücke.

Ellen sah Seegers starren Blick. Sie presste hastig die Schenkel zusammen und schob den Rock hinunter.

»Herr Dr. Seeger!«

»Entschuldigung. Ich hab' es!«

Ellen schaute ihn fragend an.

»Ein Dennis Domen hat den Unfall aufgenommen. Nur der war jung. Könnte aber sein Sohn sein. Eine andere Sache: Eine der Damen in Blau sitzt, vermute ich, mir gegenüber. Nur trägt sie heute ein weißes T-Shirt mit V-Ausschnitt. Ellen, was soll das Theater? Kannst du mir das erklären? Vor allem, wer ist die zweite Person? Ist es Susanne Sahlenburg?« Seeger runzelte die Stirn.

»Finden Sie es heraus. Ich bin gespannt.«

»Moment. So nicht, Ellen.« Seine Stimme nahm an Schärfe zu. »Dies hier ist kein Spiel. Soll ich dir die einschlägigen Paragrafen nennen?«

»Wozu? Ich war's nicht. Karl Krapps hätte mich oder Susanne erkannt. Egal in welcher Kostümierung«, antwortete Ellen mit einer abfälligen Handbewegung.

»Nochmals, das hier ist kein Spiel. Was weißt du?«

»Nichts. Echt nicht. Gespielt hat Krapps, der gute Onkel Karl. Mit uns allen. Mit einem Ziel. Wollte mit den Großen pinkeln.«

Diese kleine Kröte, fand Seeger. Sprach mit leicht erhobener Stimme: »Benötigst du meinen Rat, ich bin für dich da.«

»Männer wollen mich mit ihren Problemen zutexten. Will ich nicht. Nett und adrett ist auf Dauer langweilig. Bin gekommen, um unserer Mutter zu helfen. Alles Rokoko.«

Sie erhob sich. Mit einem Türknall verließ sie sein Büro. Es blieb der Duft eines blumigen Parfums.

Seeger ging zum Fenster. Öffnete es. Zurück, ließ er sich in den Schreibtischsessel fallen. Seufzte. Er schloss für einen Moment die Augen. Straffte seinen Oberkörper und beugte sich über den Schreibtisch.

Griff zu Papier und Kugelschreiber. Notierte:

Dame in Blau
Lockvögel für Krapps
Friedrich Domen, Auftraggeber Titanus
Dennis Domen, Mitarbeiter (inoffiziell) von Petersen

Susanne Sahlenburg

Frau Kröger kündigte die Besucherin an. Seeger fing ihren Blick auf.

»Ich habe den Termin dazwischengeschoben«, entschuldigte er sich. Die Sekretärin schloss die Bürotür nicht, drehte sich um und sagte: »Kommen Sie bitte, Frau Sahlenburg.« Ihr Ton war ziemlich frostig.

Susanne betrat den Raum. Sie hat nichts von ihrer Ausstrahlung verloren, dachte Seeger. Ihr olivgrünes Strickkleid brachte die Figur zur Geltung. Neu war, dass sie große silberne Ohrringe in Form von Buchenblättern trug.

Sie lächelte ihn an. Kam auf ihn zu. Er erhob sich aus seinem Stuhl. Nicht so sportlich, wie er es sich in diesem Moment wünschte. Sie streckte ihm ihre Hand entgegen. Ihre Wangen waren gerötet. Die Lippen öffneten sich. Sie blieb vor seinem Schreibtisch stehen.

»Danke, dass Sie gekommen sind. Setzen wir uns in die Besucherecke.«

»Wie bei meinem ersten Besuch? Damals Johann, jetzt Lore.«

Frau Kröger kam mit den Tassen und der Kaffeekanne. Servierte und ging wortlos.

»Wie geht es Ihnen? Beruflich und privat?«

»Wissen Sie, Herr Dr. Seeger, es ist alles unwirklich. Dennoch gehört es der Vergangenheit an. Diese Boulevardmedien, insbesondere Semi Brandt.«

»Wieder Semi Brandt«, murmelte Seeger.

»Zerstörerisch ging die Presse mit Johann und seiner Familie zu Werke«, sagte seine Besucherin. »Sensationsheischend und kurzatmig. Keine Frage nach dem Anliegen von Johann Bassinger. Keinen interessierte das Schweigekartell.«

Ziemlich konfus, folgerte der Anwalt und fragte: »Was meinen Sie?«

»Dieser innere Zusammenhalt, diese Abschottung nach außen. Alle Unternehmen sind gleich. Sie verkaufen ihre Produkte über ihren Ruf. An diesem unsichtbaren Gut darf nicht gerüttelt werden. So was von.«

»Jetzt sitzen Sie hier bei mir.«

»Der Durchbruch kann nur von innen erfolgen«, erklärte sie. Seeger sah sie an. Sie nahm ihre Kaffeetasse. Er merkte, dass ihre Hand zitterte. Ohne zu trinken, stellte sie die Tasse zurück. Langsam, vorsichtig.

»Ich habe ein Abonnement in der Philharmonie. Mein Platz ist im Block Q. Zufällig sah ich sie im Block E.«

»Wen?«

»Krapps und die ehemalige Dame in Blau, Frederika.«

»Das ist mir neu«, kommentierte Seeger.

»Sie taten vertraut. Das war selbst aus dieser Entfernung zu verfolgen. Er legte seinen Arm leicht um ihre Schulter. Mir stockte der Atem. Diese Geschichte, die Johann diskreditierte.«

Sie nahm ihre Kaffeetasse. Ihre Hand zitterte nicht mehr. Sie trank genüsslich. Stellte die Tasse zurück. Blickte gedankenverloren hinein, hob langsam den Blick. Seeger nahm wahr, dass sich ihre Augen verengten.

»Zunächst bin ich in der Pause auf meinem Platz sitzen geblieben. Nach dem Ende der Aufführung ließ ich mir Zeit bei der Garderobe. Es sollte kein zufälliges Treffen geben.«

»Wie ging es weiter?«

»Ich beschloss, den Kampf aufzunehmen. Das war ich Johann, und das bin ich Lore schuldig. Ich dachte, das soll mir schon gelingen.«

»Somit haben Sie Kontakt zu Frau Bassinger und ihren Kindern.«

»Ich war jahrelang Johanns Sekretärin. Lore hatte viele Fragen zu der Arbeit ihres Mannes in der Firma.«

»Etwas anderes. Unterrichteten Sie Frau Bassinger von dem Konzertbesuch?«

»Das war ich ihr schuldig.«

»Und der Kontakt zu den Kindern Ellen und Hans?« Seeger betonte den männlichen Namen stark und dunkel.

»Der ergab sich zwangsläufig.«

»Ein enger Kontakt?«

»Mehr oder weniger«, meinte sie fahrig.

»Zu wem mehr, zu wem weniger?«

»Das ist eine Altersfrage. Ellen ist jung und wild. Hans für sein Alter zu reif.«

Bei dem Namen Hans ließ Susanne Sahlenburg sich nichts anmerken.

»Sind Sie noch die Sekretärin von Herrn Westler?«

»Nicht mehr. Westler ist in den Vorstand berufen worden. Sein Zuständigkeitsbereich ist das Sachgeschäft.«

»Der Aufstieg überrascht mich. Ich erinnere mich, wie ich mit ihm in diesem Büro seinerzeit über seinen Freund Johann Bassinger gesprochen habe.«

»Mich nicht. Das ist die Reaktion des Schweigekartells. Gekauft mit der Karriere! Bemäntelt mit der Aussage, dass wertvoller Sachverstand nicht verloren gehen darf. So was von.«

»Das meinen Sie ironisch!«

Sie quittierte seine Bemerkung mit einem spöttisch-bitteren Lachen. Unterbrach ihn.

»Das Werk, die Beweggründe von Johann Bassinger müssen fortgesetzt werden. Sein Opfer soll nicht umsonst gewesen sein.«

»Haben Sie sich mit Frau Bassinger und der Familie abgestimmt?«

»Ich verstehe Sie nicht.«

»Tauschten Sie sich aus, oder entwickelten Sie gemeinsam Strategien?«

»Worauf wollen Sie hinaus?« Ihre Stimme war kalt.

»Sie äußerten soeben Beweggründe. Ich will ausschließen, dass es sich bei dem Verkehrsunfall mit Todesfolge um einen gewollten handelt. Das wäre ein Motiv für den Staatsanwalt.«

Sie antwortete nicht. Gönnte sich und ihrem Gesprächspartner eine Pause.

Mein Gott, was für verquere Sätze gibt sie von sich, dachte Seeger. »Wie ist Ihre Aussage, das Opfer von Johann Bassinger soll nicht umsonst gewesen sein, zu verstehen?«

»Ich will das Bild, wie es die Presse von ihm zeichnete, korrigieren.« Sie zögerte. Senkte die Stimme. »Und das Schweigekartell brechen. Er war ein manipuliertes Opfer. Sag' ich mal. Als das Opfer zum Täter wurde, gab es neue Opfer. Seine Familie«, erklärte sie schmallippig. »Darüber hinaus …« Sie beendete ihren Satz nicht.

»Ist es Ihnen gelungen?«

»Was?«

»Die Bestrafung von Karl Krapps und der Titanus als Vertreter des Systems?«

»In Ansätzen. Ich unterschätzte die Eigendynamik«, wandte Susanne ein.

»Sie bewegen sich auf dünnem Eis. Rechtlich gesehen«, sagte Seeger.

»Und die Dame in Blau?«

»Was ist mit ihr?«

»Auferstanden, um Krapps zu verunsichern. Ihn durch das Aufleben einer Kopie von Frederika an seine damaligen Machenschaften zu erinnern?«

Susanne zuckte mit den Schultern. »Ich bestreite Ihre Überlegungen.«

»Sandten Sie Frau Bassinger und Herrn Krapps anonym Konzertkarten zu?«

»Wie kommen Sie darauf?«

»Sie sahen ihn mit der Dame in Blau in der Philharmonie.«

»Ich habe niemals anonym Konzertkarten verschickt. Warum sollte ich?« Ihre Stimme klang erregt.

»Ja, warum? Um ein Treffen von Lore Bassinger mit Karl Krapps zu arrangieren. Weitere Verletzungen …«

»Ich verstehe Sie nicht. Was soll das? Ich will Lore helfen.«

»Nur eine Idee. Die eines alten Verteidigers«, kokettierte er.

»Werden Sie der Sache nachgehen?«, fragte Susanne.

»Die Vorstandmitglieder sind nicht das Thema. Nicht Gegenstand des Prozesses.«

»Karl Krapps ist es. Er war nur ein Baustein. Wie es Johann zuvor war.«

»Ein Getriebener?«

»Ein Opfer des Systems. Nur, dass er zuvor die Marionetten tanzen ließ. Hier sollten Sie ansetzen. Sag' ich mal.«

»Ich nehme das als einen Hinweis auf. Die Umstände …«

»Herr Dr. Seeger, Sie enttäuschen mich. Sie sehen hinter diesem Unfall …«

»War es ein Unfall? Ein Verkehrsunfall?«

»Sie sehen hinter diesem Unfall nicht das Ausmaß …«

»Das sehe ich. Nur müsste ich von einer Absicht ausgehen. Eventuell von einem planmäßigen Vorgehen.«

»Sie helfen Frau Bassinger mehr, wenn Sie in eine andere Richtung denken.«

»Werden Sie konkret!«

»Die Zusammenhänge sind komplizierter, als Sie und die Polizei vermuten.«

»Mit Ihren Andeutungen komme ich nicht weiter. Ich halte Frau Bassinger für einen gefestigten Menschen. Sie ist vielleicht Ereignissen ausgeliefert, aber stark genug, um handlungsfähig zu bleiben.«

»Befassen Sie sich mit der Erforschung von Krisen und deren Bewältigung.«

Seeger schluckte. Er sah auf seine Uhr. »Ich habe den Termin eingeschoben. Ich komme auf Sie zurück, sobald ich weitere Details kenne.«

»Jederzeit.«

Sie erhob sich. Reichte ihm die Hand. Ihr Blick war starr.

Der Anwalt notierte sich:

Schweigekartell
Beziehungsgeflecht Bassinger-Sahlenburg
Anonyme Konzertkarten
Spielbälle (wer mit wem)

Die Todesanzeige

Seeger betrat am Montag gegen elf Uhr sein Büro. Er sah die Post durch. Blätterte in der Unterschriftenmappe, die ihm Kröger auf den Schreibtisch gelegt hatte. Blickte auf den Aktenstapel. Ich sollte es ruhig angehen lassen, fand er. Nahm den *Kölner Stadt-Anzeiger* vom Wochenende. Blätterte lustlos darin und blieb auf der Seite mit Todesanzeigen hängen. Er las wie elektrisiert:

Durch einen tragischen Verkehrsunfall verloren wir unseren lieben Vater, Bruder und Onkel

Friedrich Domen

* 20. April 1934 † 4. Juni 2007

Wir sind traurig.
Verwandte und Freunde

Die Trauerfeier mit anschließender Urnenbeisetzung findet am 10. Juni 2007 auf dem Nordfriedhof statt.

Er las nicht weiter. Schnellte aus seinem Schreibtischsessel, riss die Bürotür auf und knallte die Zeitung auf den Schreibtisch seiner Sekretärin. Die zuckte zusammen. Er rief: »Frau Kröger! Bitte sehen Sie nach, was zu dem Unfall zu finden ist. Im Pressespiegel des *Kölner Stadt-Anzeigers*, der *Kölnischen Rundschau* und so weiter.«

Kurze Zeit später brachte seine Sekretärin ihm Kopien der Zeitungsausschnitte aus dem Internet. Die Notiz im *Kölner Stadt-Anzeiger* lautete: *Am 4. Juni 2007 kam es zu einem folgenschweren Unfall auf der Dürener Straße. Bei einem riskanten Überholmanöver wurde ein grüner Fiat von der Fahrbahn abgedrängt. Der Wagen schleuderte quer über die Straße gegen einen Baum. Das Unfallopfer starb noch am Unfallort. Der Verursacher begann Fahrerflucht mit einem silbergrauen Wagen.*

Welche Autos fahren Hans, Ellen, Lore oder Susanne? Wo waren sie zu der fraglichen Zeit?

Seeger war überzeugt: Darüber wird sich Petersen Gedanken machen. Spätestens, wenn Domen jun. Petersen von dem Tod seines Vaters informieren würde.

Die Berberin

Benötigte Seeger eine Gedankenpause, trat er an das Bürofenster und blickte auf den Theodor-Heuss-Park. So auch heute, am Freitag gegen fünfzehn Uhr.

Unweit des Automaten mit Kondomen und Einwegspritzen, den die Stadtverwaltung für Drogensüchtige aufgestellt hatte, saß auf der Parkbank eine stattliche Frau. Sie war in auffälligen Blautönen gekleidet und schien auf jemanden zu warten.

Ihre Kleidung ist aus der Zeit gefallen, dachte Seeger.

Er beobachtete sie. Es tat sich nichts. Er ging ins Vorzimmer, nahm den Mantel und nickte Frau Kröger zu. »Ich brauche frische Luft. Machen Sie Feierabend und genießen Sie das Wochenende«, meinte er im Hinausgehen.

Er ging bis zu dem Automaten. Blieb stehen. Betrachtete den Blechkasten, dessen dunkelgelbe Farbe an vielen Stellen abgesplittert war und Roststellen freigab. Erstaunt registrierte er das Angebot an Einwegspritzen und Kondomen. Seeger drehte sich um und sah zu der Frau auf der Bank. Ihr Gesicht wirkte verlebt. Die groben Hände ruhten gefaltet auf dem Bauch. Sie blickte ihn an. Er schlenderte auf sie zu. Als er zwei Meter vor ihr war, erklärte sie mit rauchiger Stimme: »Pech. Hab' keinen Stoff, und der Hausfrauenstrich ist am Ende, Ecke Clever Straße.« Sie wies mit der rechten Hand auf die Querstraße. »Der Babystrich vorne, an der Bushaltestelle.« Sie zeigte auf das gläserne Wartehäuschen. »Sicher bin ich mir nicht. Viele der Büsche sind weg und die Bullen kreuzen zu Fuß häufig auf. Dafür gibt's saubere Spritzen.«

»Ich will weder das eine noch das andere.«

»Was woll'n Sie?«

»Mir fällt Ihre Kleidung auf.«

»Sind Sie von der Sitte?« Sie sah ihn misstrauisch an.

»Nein. Ich arbeite hier.«

»Wo?«

»Dort, in dem roten Haus. Hinter Ihnen.«

»Als was?«

»Ich bin Anwalt. In dem Haus ist meine Kanzlei.«

»Sind Sie so'n Rechtsverdreher?«

»Bin ich.«

»Das passt. Setzen Sie sich.« Sie klopfte mit der Hand auf die freie Sitzfläche der Parkbank. »Vielleicht brauche ich Sie. Ich bin in was reingezogen worden.«

»Schießen Sie los.«

»Ich besorg' für Corinna die Spritzen, mal den Stoff. Das mache ich nur für die. Ich bin clean.«

»Wer ist Corinna?«

»Na, meine Verlobte. Ne' andere Geschichte. Wir kennen uns von der Platte.«

»Platte?«

»Straße. Wir haben auf der Straße gelebt. Da brauchst du Tricks. Jetzt haben wir eine eigene Wohnung. Geld für …«

»Aha«, unterbrach sie Seeger.

»Das Leben ist geil. Corinna und ich spielen bei der Kölner Berber Bühne.«

»Interessant. Nie davon gehört.«

»Das ist so 'n Projekt für Wohnungslose und ehemalige Berber. Ich spiele mit anderen Berbern Theater. Richtige Stücke.«

Seeger sah sie an und dachte: Stimmt das? Wenn nicht, war das zumindest eine tolle Geschichte. »Zurück zu Ihrer Kleidung. Was hat es damit auf sich? Ich meine, wieso blau?«

»Geil. Ich habe hier gesessen, genau hier. Mich hat eine Frau angesprochen. Die machte einen auf fürsorglich. Tat interessiert. Ich roch Geld. Auf der Platte entwickelst du 'n Gespür für so was. Ich erzählte ihr von meinen Auftritten. Da rückte sie mit einer Sache raus. Richtig geil.«

»Wie meinen Sie das?«

»Ich sollte sie freitags an dem komischen Kasten hinten am Ende des Parks treffen. Mich auf 'ne Bank setzen.«

»Die Bastei meinen Sie. Am Ende dieser Straße, am Rheinufer?«

»Weiß nicht. Das Haus mit dem gezackten Dach?«

»Das ist sie, die Bastei.«

»Nie gehört. Diese Fummel, die brachte sie mir. Alles in Blau. Lebst du lange auf der Platte, kennst du viele Perverse. Bei der war alles anders.«

»Bei wem war alles anders.«

»Na, bei der Frau.«

»Was haben Sie getan?«

»Ich musste mich jeden Freitag auf eine Mauer gegenüber einem dieser Glaspaläste setzen. Für zehn Minuten. Sie holte mich mit 'nem tollen Wagen ab. Setzte mich in der Seitenstraße ab. Gab mir dreißig Euro. Leicht verdient. Für das bisschen Theater.«

»Kannten Sie die Frau?«

»Wozu?«

Die Stockenten auf dem Teich schnatterten aufgeregt. Die Erpel flogen auf und jagten einander. Eine Hetzjagd begann.

»Freitags saß ich hinten am Rheinufer. Wurde abgeholt. Woche für Woche. Für die Mäuse habe ich das gerne gemacht. Diese schicke Kleidung bekam ich von ihr. Corinna, meine Verlobte, war eifersüchtig. Bestand darauf mitzukommen.«

»Und?«

»Wir saßen zu zweit da hinten, bei dem gezackten Haus. Das fand die Frau, sie war ne' richtige Dame, geil. Beim nächsten Mal bringe ich für Ihre Begleiterin blaue Sachen mit, erklärte sie. Immer korrekt. Sagte *Sie* zu mir. Zu Hause lachten wir uns über das Wort Begleiterin schlapp.«

»Sie wahrte den Anstand«, kommentierte Seeger. »Mit Corinna und Ihnen, wann war das?«

»Vor sechs, sieben Wochen. Weiß' nicht genau. Sie kam mit den Sachen. Sogar mit einer blonden Perücke. Wir haben uns kaum unterschieden. Doch. Corinna hat weniger Pfunde drauf.«

Bei dieser Aussage bekam ihr Gesicht weiche Züge.

»War es immer dieselbe Frau?«

»Es waren zwei. Nie zusammen. Eine trug blöde Schuhe. Nur die Broschen, die waren dieselben. Große. Die sollten wir uns anstecken. Wurden zickig, wenn das nicht sofort passierte. Das fanden die richtig geil. Dazu dicke Strümpfe. Gestrickte.« Sie schnaufte. »Heute ist keine der Frauen gekommen! Obwohl wir Freitag haben. Ich dachte … Hab' wie üblich alles in Blau angezogen. Kann sein … Warte über zwei Stunden. Vielleicht kommt auch keine mehr. Nach dem komischen Freitag.«

»An dem Freitag. Was passierte da?«

»Corinna und ich saßen auf der Mauer. Plötzlich kam ein Bekloppter aus dem Glaspalast. Ein Wagen kam angerast, und, schwups, lag der auf der Straße.«

»Tot?«

»Keine Ahnung. Wir sind verduftet.«

Seeger sah auf seine Uhr. »Es ist kurz vor siebzehn Uhr.«

»Fünf?«

»Glauben Sie, dass die Dame noch kommt?«

»Warte vergeblich seit Wochen. Wenn nicht, die Klamotten behalte ich.«

»Blieben Sie noch hier?«

»Weiß' nicht. Und Sie?«

»Ich gehe in mein Büro zurück. Rufen Sie mich an, falls Sie Hilfe brauchen.« Seeger holte aus seinem Jackett die Brieftasche. Öffnete sie und gab ihr seine Visitenkarte.

Sie blickte darauf und bewegte lautlos die Lippen.

Als er die Brieftasche einstecken wollte, meinte sie: »Dreißig Euro.«

»Wofür?«

»Verdienstausfall.«

Er gab ihr das Geld. »Wie ist Ihr Name? Ich meine, falls Sie anrufen?«

»Die von der Platte.«

Seeger erhob sich und drehte sich um. Blickte auf das rote Haus. Für einen Moment glaubte er, an seinem Bürofenster einen Schatten zu sehen. »Warten Sie. Kommen Sie morgen in mein Büro. Egal wann. Ich gebe Ihnen fünfzig Euro.«

Die Stimmung schlug um. Die Augen ›der von der Platte‹ wurden klein und kalt. Misstrauisch fragte sie: »Wozu?«

»Ich zeige Ihnen Aufnahmen von Familienangehörigen und Freunden, die an einer Beerdigung teilgenommen haben. Vielleicht erkennen Sie die Frauen.«

»Hundert. Fünfzig gleich.«

Seeger schluckte. Bevor er antworten konnte, erklärte sie: »Es waren nicht nur zwei Frauen. Ab und zu war'n junger Mann der Fahrer.«

»Sie sprachen nur von Frauen!«

»Sie haben mich nicht gefragt.«

»Gut, bis morgen. Wie gesagt, fünfzig Euro.«

»Achtzig jetzt.«

»Achtzig?«

»Dreißig für heute und fünfzig für morgen, als Vorschuss.«

Frau Kröger saß im Sekretariat hinter ihrem Schreibtisch. Sie sah zu Seeger auf. Er hastete in sein Büro. Zog die Schreibtischschublade auf und nahm den in schwarzes Leder eingebundenen Terminkalender. Er überprüfte die Wochen der letzten drei Monate. Jeweils den Freitag. Wann führte er die Gespräche mit Lore Bassinger? Mit Susanne Sahlenburg? Mit Ellen? An drei Tagen, jeweils Freitag, hatte die Kröger Urlaub gehabt.

Es klopfte an seiner Tür und seine Sekretärin kam herein. »Brauchen Sie mich noch? Ich mache sonst Feierabend.«

»Nein, danke.«

»Schönes Wochenende.« Sie drehte sich um und ging zur Tür.

»Ach, Frau Kröger …«

Sie wandte sich um.

»Wir müssen uns über Ihren Urlaub unterhalten. Sie haben in den letzten Monaten drei freie Tage genommen. Jeweils an einem Freitag.«

»Richtig. Ich plane noch.«

Der Anwalt wartete. Frau Kröger schwieg. Seeger hob die Augenbraue. »Sie tragen heute eine ausgefallene Brosche.«

»Ein Unikat. Dass Sie das bemerken! Ihnen ein schönes Wochenende und bis Montag.«

Seeger trat ans Fenster. Sah hinaus.

Die Parkbank war leer. Die Erpel jagten.

Lores Interview

Susanne rief Semi an und teilte ihm mit, dass Lore Bassinger, nach vielen Gesprächen mit ihr, zu einem Exklusivinterview bereit sei. Erwähnte, dass Lore begeistert seine Zeitungsartikel gelesen habe. Das Interview sollte eine Ergänzung zu seinen Berichten über die Assekuranz sein. Eine Zeugin, die Insiderwissen mitbrachte. Niemandem von der Boulevardpresse war es bisher gelungen, an Lore heranzukommen. Sie hatte sich abgeschottet. Nun dieser Sinneswandel!

Semi trommelte seine Mannschaft zusammen. Saskia sollte ihm bei der Vorbereitung der Fragen helfen. Später Lores Aussagen prüfen. Fränzchen sollte Fotos von dem Haus schießen, um die Atmosphäre einzufangen. Darüber hinaus Porträtaufnahmen von Lore machen. Vor, während und nach dem Interview. Eine Home-Story.

Es war bereits dunkel, als sie an diesem Sonnabendnachmittag das Haus in der Lohsestraße 210 erreichten. Den ganzen Tag über hatte es geregnet. »Keine gute Ausgangslage«, erklärte Semi seinen Beifahrern. »Das drückt die Stimmung. Fränzchen, was meinst du? Die ersten Fotos?«

»Das Straßenlicht spiegelt sich im nassen Asphalt. Nicht schlecht. Hat etwas Bedrohliches. Danach das erleuchtete Haus. Trutzburg. Anschließend Innenaufnahmen, zum Beispiel unsere Gesprächspartnerin beim Lesen auf ihrem Sofa. Entspannt, harmlos, sympathisch.« Es folgte ein kurzes Lachen.

»Mein Part«, griff Saskia den Gesprächsfaden auf, »wird der der verständnisvollen Frau sein. Ich fahre dir in die Parade, Semi, falls du zu forsch fragst.«

»Das ergibt Fotos, die authentisch wirken, sofern die Mimik stimmt«, ergänzte Fränzchen.

»Achte darauf, dass deine Fragen nicht zu gemein sind«, platzte es aus Saskia heraus.

»Wofür hältst du mich?«, tat Semi entrüstet. »Unsere Rollenver-teilung steht.«

Lore empfing das Team und führte sie in das Esszimmer. »Hier ist Platz«, erklärte sie.

Der Tisch war für vier Personen gedeckt. Teetassen, Gebäck-teller, ein Sahnekännchen und in der Mitte eine Silberschale mit Konfekt.

»Greifen Sie zu, meine Herrschaften«, ermunterte sie ihre Gäste. »Ich werde den Tee zubereiten. Falls Sie von den Räumen Fotos machen wollen, bitte.« Sie ging in die Küche und ließ die anderen verblüfft zurück.

Fränzchen setzte sich an das Kopfende des Tisches. Semi nahm in der Mitte gegenüber der Wohnzimmertür Platz. Saskia am an-deren Ende des Tisches. Es war eine stille Übereinkunft. Sie war-ten und hörten die Geräusche aus der Küche. Sahen einander ab-wechselnd fragend an. Saskia zuckte mit den Schultern. Fränzchen überprüfte die Einstellungen der Kamera. Semi zog an seinen Fin-gern. Ließ sie knacken. Das kannten die anderen. Er war auf das Höchste angespannt.

Endlich kehrte Lore mit der Teekanne zurück. Sie stutze und bemerkte den ihr zugedachten Sitzplatz. Mit dem Rücken zur Tür.

»Es dauert einen Moment mit der Teezubereitung«, meinte sie entschuldigend. »Ich spüle die Teekanne mit heißem Wasser aus. So ist sie angewärmt. Pro Person gebe ich einen Teelöffel Tee in die Kanne.« Sie lächelte. »Ein Gramm zusätzlich gilt der Teekanne. Das sprudelnd heiße Wasser soll die Blätter gerade bedecken. Drei bis fünf Minuten lass' ich den Tee ziehen. Gieße nach, so viel, wie ich an Tassen ausschenke.«

»Interessant«, murmelte Semi, und Saskia ergänzte: »Eine Wis-senschaft für sich.«

»Bitte geben Sie den Kandiszucker in Ihre Tassen. Ich schenke Ihnen ein.«

Lore umrundete den Tisch, an dem bis zu sechs Personen Platz hatten. Ruhig goss sie den Tee ein.

»Die Sahne bitte nicht mit dem Löffel verrühren.«

Gelungener Auftakt. Sie schafft Atmosphäre, stellte Semi fest. Schweigend tranken alle ihren Tee. Warteten auf ein Signal. Bis Fränzchen sich halb von seinem Stuhl erhob, um die Trüffel zu erreichen. Er steckte mehrere in den Mund. Leckte seine mit Schokoladenpulver beschmierten Finger ab. Lore runzelte die Stirn. Fränzchen blickte unschuldig von einem zum anderen. Das war für Semi das Zeichen.

Umständlich baute er das Mikrofon vor Lore auf. Überprüfte das Aufnahmegerät.

»Kleines technisches Problem. Gleich geht es los.«

Er hantierte an dem Aufnahmegerät und erklärte: »Ich dachte, wir sprechen Themen an hinsichtlich der Auswirkungen des Todes Ihres Mannes. Für Sie und Ihre Familie«, erklärte Semi umständlich.

Fränzchen schoss ein paar Fotos.

»Das Blitzlicht irritiert mich. Definitiv. Können Sie es nicht weglassen?«

»Geht klar.«

»Beginnen wir mit Ihrer Familie. Sie stammen aus Hamburg. Sind Apothekerin.« Semi schaute Lore an, wobei er mit seinem Kopf nickte.

»Sie haben gut recherchiert, die damaligen Presseartikel gelesen, unterstelle ich. Ich stamme aus einer belasteten Familie. Die Einsamkeit der Kindheit. Die übermächtige, riesige Gestalt des Vaters. Den Ausstieg habe ich geschafft.«

»Können Sie uns das näher erklären? Wir sind hier beim Punkt Resilienz.«

Semi behielt seinen freundlichen Gesichtsausdruck.

»Meine psychische Widerstandsfähigkeit, um Krisen zu bewältigen? Die habe ich. Einzelheiten, die gehen mir zu weit. Nur soviel: Ich konnte mich aus dem Sumpf ziehen. Definitiv.«

»Hatten Sie Hilfe?« Es war Saskia, die diese Frage stellte.

Lore wandte sich der Fragenden zu.

»Hilfe«, meinte sie gedehnt, »mein verstorbener Mann Johann. Zumindest am Anfang. Wie soll ich es Ihnen erklären? Mit den liberalen Gedanken im Kopf sah er keine Zukunft für sich in dieser Welt. Die fatale Ausrichtung der Gesellschaft. Er war umgeben von Vorgesetzten, Kollegen, denen es nur um den Vorteil, um ihr Fortkommen ging. Nie um das, wofür sie engagiert und bezahlt wurden. Johann sah das anders. Er definierte sich über die Firma. Bis die berufliche Situation eskalierte. Die Titanus hat ihn auf dem Gewissen.«

»Eine der Sollbruchstellen in ihrem Leben«, kommentierte Semi.

»Definitiv.«

Fränzchen schoss weitere Fotos. Saskia lehnte sich vor, um alles mitzubekommen.

»Dieser Kontrollverlust …« Lore schwieg.

»Von wem?«

Lore ließ den Einwurf des Reporters unbeantwortet. Erklärte stattdessen: »Alles fiel nach Johanns Tod auseinander. Ich war wie benommen. Misstraute meinen Sinnen. War wochenlang niedergeschlagen.«

»Sie befanden sich in einer psychischen Ausnahmesituation. Das ist verständlich.« Saskia schlug einen mitfühlenden Ton an. Ließ einen Moment verstreichen. Fragte: »Forschten Sie nach den Ursachen für den Tod ihres Gatten?«

»Die Ursachen? Wie das passierte? Was glauben Sie, welche Fragen man sich stellt! Nur eines können sie nicht. Die Seele, die können sie nicht verdrängen.« Sie rückte mit ihrer Schulter leicht zu Seite. »Sich erinnern heißt, mit seinen Empfindungen umzugehen. Fällt einem eine Situation nicht ein, ist sie weg. Es gibt sie nicht mehr. Die Gnade des Vergessens.« Lores Blick ging ins Leere. »Es gab keine festen Formen, die Einfluss hatten.«

»Sie haben es geschafft!«, sagte Saskia.

Lore wandte sich unvermittelt an Semi.

»Wissen Sie, Semi, ich darf Sie doch so nennen? Es spricht sich einfacher. Im Laufe meiner Ehe habe ich gelernt, mein Leben in den Griff zu bekommen. Die Kontrolle war mir wichtig. Sie gab mir das Gefühl wirksam zu handeln und die Zukunft positiv zu beeinflussen. Wer das nicht kann, wird es nicht schaffen.«

»Frau Bassinger«, unterbrach Semi, »Sie erhielten Hilfe und Unterstützung von Karl Krapps. Dem Opfer dieses tragischen Verkehrsunfalls.«

Lore blieb kühl bei diesem Einwurf. Fränzchen schoss eine Serie von Aufnahmen.

»Er war es, der sich im Gegensatz zu meinem Mann nicht sperrte. Mir zuhörte.«

»Karl Krapps half Ihnen und war Ihnen verbunden?«

»Semi, sprechen Sie indirekt von der Moral? Ich vermute es aufgrund Ihres Tonfalls. Wer legt sie fest? Ich war immer in der Lage, Krisen zu bewältigen. Jeder Situation konnte ich Positives abgewinnen. Das kann man lernen.«

»Krisen gab es wohl viele in Ihrem Leben?« Semi lehnte sich zurück und fixierte Lores Gesicht.

»Krisen oder Angst vor der Angst. Was heißt das definitiv für den Einzelnen?«

»Sind das nicht zwei unterschiedliche Punkte?«, hakte Semi nach.

»Definitiv nicht. Für mich ist es ein schöpferischer Prozess. Der ist nur mit Angst möglich. Braucht sie, wie die Krise. Sie sind beide fundamentale Bestandteile. Lebenskrisen werden Lebenschancen. Schicksalsschläge, wie der Tod von Johann. Ich erlebte ihn als einen Übergang. Es gab für mich ein Vorher und ein Nachher.«

»Mit welcher Konsequenz?«

»Eine gute Frage, Semi«, lobte ihn Lore. »Die gesellschaftliche Krise, die meiner Familie, meine persönliche. Sie zwangen mich zu einer neuen Lebensplanung. Pläne, die bedacht und neu definiert werden mussten.«

»Der Ausdruck Krise meint also eine Veränderung im Sinne der Zuspitzung?«

»Definitiv, Semi.«

Fränzchen scheuerte mit den Füßen; Saskia hüstelte unmotiviert.

»Ich komme noch einmal darauf zurück. Wie passt Karl Krapps dazu?« Semis Augen verengten sich.

»Er verkörperte einen Teil dieser Krise. Wenngleich er ein Doppelleben führte. Diese permanente Krise im Berufsumfeld. Beständige Änderungen von Betriebsabläufen, Verlagerungen, Kostensenkungsprogrammen. Alles angelegt, um eine ständige Unsicherheit zu erzeugen. Darunter litt Johann, litten die Mitarbeiter. Karl Krapps, als Betriebsratsvorsitzender, förderte diese Verunsicherung.«

Saskia unterbrach Lore. »Sie erwähnten sein Doppelleben. Können Sie uns das bitte erklären?«

»Er hatte nur das erklärte Ziel, die Macht des damaligen Vorstandsvorsitzenden Dr. Truts zu zerstören. Jedes Mittel war ihm recht.«

Stille trat ein. Fränzchen hob seinen Fotoapparat. Der gelangweilte und verächtliche Gesichtsausdruck, den Lore eben noch aufgesetzt hatte, verschwand. Ersetzt von einem gelösten Lächeln für die Kamera.

»Erklären Sie uns das bitte.« Es war Semi, der sich als Erster fing.

»Er benutzte uns, wie er andere für seine Zwecke benutzte. Macht und Ehrgeiz ließen seine Intuition für das Machbare vermissen. Definitiv. Durch gezielte Informationen, Streuung von Gerüchten verunsicherte er Johann. Heute denke ich, er kontrollierte und demütigte ihn. Machte ihn zu seinem Werkzeug. Es war eine unselige Verbindung, aber ich sah sie am Anfang gern. Forderte sie ein. Das Glück, aufgebaut auf dem Leid der anderen. Bei Karl Krapps brauchte ich nicht in der Vergangenheit zu leben. Er war meine Gegenwart.«

Lore stockte. Sah von einem zum anderem. Fuhr mit unsicherer Stimme fort: »Später hat er bei mir heimtückisch eine Angst heraufbeschworen. Definitiv. Es bedurfte einer Sensibilität, das alles aushalten zu können. Ich hätte früher meinen Gefühlen misstrauen sollen. Dass er kein Menschenfreund war, verrieten seine Augen. Dieser kalte Blick. Nie gab es eine Situation, wo seine Augen warm leuchteten. Vieles wirkte aufgesetzt.«

»Warum sollte er privat anders sein als beruflich?« Semi sah Lore zweifelnd an.

Bevor sie antworten konnte, erhob sich Fränzchen geräuschvoll. Er griff zu der Silberschale mit den Schokoladentrüffeln. Stieß sie um. Alle starrten auf die Wolke von hoch wirbelndem Schokoladenpulver.

»Angst, das wiederholen Sie oft«, warf Saskia ein. »Ist das ein zentraler Punkt in Ihrem Leben? Angst, wovor?«

»Ich erkläre es Ihnen. Die Krise war bei mir mit den Gegenregulationsmitteln nicht zu bewältigen. Ich fühlte mich blockiert. Geriet in Panik. Das zeigte sich bei mir in Angst. Bis mich ein Gedankenblitz überfiel. Das war der Moment der Einsicht. Die Lösung.«

»Ihre Lösung bestand worin?« Semi lehnte sich in seinem Stuhl zurück und wartete.

Lore überlegte. »Den Konflikt zwischen Gut und Böse für mich zu lösen.« Sie zögerte. »Karl Krapps gehörte zu dieser Entscheidungsfindung«, antwortete sie auf die unausgesprochene Frage.

Es entstand eine Pause. Alle starrten Lore an. Semi räusperte sich. Riss Lore aus ihrer Gedankenwelt.

»Das war nur ein Beispiel«, erklärte Lore. »Gefühle zeigten mir, was gut oder böse war. Ich musste eine Stimme finden, um andere zu überzeugen. Das Ganze auf eine rationale Ebene heben.«

Lores letzter Satz klang heiser. Sie sammelte sich. »Mein Seelenleben. Wissen Sie, die Seele arbeitet nicht. Sie befindet sich am Rand und erduldet viel.«

»Warum sprechen Sie die Seele an?«, fragte Semi.

»Ein gutes Beispiel ist, wie Karl Krapps mit diesem Thema umging. Er meinte, dass ich meine Seele nicht sprechen, sondern singen lassen solle.«

Stumm und starr blicke Lore mit unbewegtem Gesicht vor sich hin.

Semi nutzte die Chance und meinte leutselig: »Gibt es Namen? Fallen diese Personen unter Gut und Böse?«

»Namen?« Lore sah ihn verständnislos an.

»Einige der Bösen sind tot. Das Alter bringt mir den Tod nahe«, sinnierte Lore, nur um gleich zu sagen: »Die Lebenden? Ich glaube, wir sollten das Gespräch hier beenden.«

Fränzchen machte Fotos.

Semi lächelte. »Wie bei jedem Interview am Ende, ein Schlusswort für uns und unsere Leser?«

»Es ist ein Wettkampf um die Reste meines Lebens, den ich verloren habe.«

»Meine Kollegen und ich danken Ihnen für das offene, vertrauensvolle Gespräch«, säuselte Semi.

Lore lächelte huldvoll. »Ich begleite Sie zur Tür.«

Die Reporter saßen im Auto. Semi blickte zum Beifahrersitz. »Es gibt viele offene Fragen. Sasika, was denkst du? Dein Eindruck von dem Gespräch?«

»Wenn Sie spricht, ist das wie eine Inszenierung. Kann unsympathisch wirken. Gespielt, krank? Oder jahrelang unterdrückte Wut? Ich weiß es nicht.«

Semi wartete ihre weiteren Ausführungen nicht ab. Wandte sich um.

»Fränzchen, ich denke, wir sollten jede ihrer Kernaussagen mit einem Foto unterlegen.«

»Dachte ich auch. Vielleicht gelingt es den Bildern, die wunde Seele zu zeigen, die unter ihrer Oberfläche liegt. Ihre zerbrechliche Seite.«

»Du bist auf ihre trivialen Äußerungen hereingefallen. Eine Masche von ihr«, kommentierte Saskia spitz.

»Du hast recht. Das Interview gab nicht viel her,« sagte Semi. »Die beruflichen Konflikte hat sie nur kurz angerissen. Bei ihrem

Vater und ihrer Beziehung zu Krapps hat sie gemauert. Sind das die Namen der Bösen, die tot sind? Gibt es noch weitere? Lebende vielleicht? Ich mache eine richtige Story daraus. Das, was die Leser wissen wollen, wonach sie lechzen. Die interessieren sich nicht für das Seelenleben einer Lore Bassinger!«

Er startete den Wagen.

In der nächsten Wochenendausgabe auf der ersten Seite von *Köln aktuell* stand: *Innerlich sind viele Mörder. Exklusivreportage mit Lore Bassinger, dem vergessenen Opfer.*

Handelnde Personen

Es klingelte. Seeger eilte in das Vorzimmer und bediente den Türöffner. Frau Kröger sah ihn erstaunt an. »Herr Dr. Seeger, was ist los?«

»Eine wichtige Zeugin im Fall Lore Bassinger«, erklärte er vieldeutig. Verschwieg den Verdacht, dass seine Sekretärin eine der Beteiligten an dem Komplott war. Er wollte die Reaktion der Kröger auf die Besucherin sehen. Ein Erstaunen, wenn die beiden zusammentrafen.

Die Berberin betrat das Vorzimmer. Verströmte einen sauren Geruch. Frau Kröger runzelte die Stirn. Rümpfte die Nase. Murmelte. »Ihre wichtige Zeugin?«

»Eine der Damen in Blau.«

Die Berberin stand hilflos vor ihnen. Blickte von einem zum anderen. »Wat is nun?«

Seeger war beruhigt. Die Frauen kannten sich offensichtlich nicht.

»Trinken Sie Kaffee oder Tee?« Mit dieser Frage überbrückte er die Situation.

»Ein Schnaps. Dat' wär gut.«

Der Anwalt ging in sein Büro voraus. Kurze Zeit später erschien Frau Kröger mit einer Flasche Cognac und zwei Cognacschwenkern. Sie stellte die Gläser auf den Besuchertisch und schenkte ein. Bemerkte: »Schnaps ist keiner da. Cognac erfüllt sicherlich auch seinen Zweck.«

Seeger überhörte den abschätzigen Ton. Nicht seine Besucherin.

»Aufmerksam«, konterte sie, »lassen Sie die Buddel hier. Ich trink mehr als einen.«

Seeger ging zu seinem Schreibtisch. Nestelte aus der oberen Schublade einen Umschlag hervor. Kam zum Besuchertisch. Der Cognacschwenker der Besucherin war leer. Er schenkte ihr nach.

Nahm die Fotos aus dem Umschlag und breitete sie vor ihr aus.

»Das sind Fotos von der Beerdigung Johann Bassingers. Sehen Sie sich bitte die Fotos an und zeigen Sie mir die Personen, die Sie wiedererkennen!«

Sie nahm jeden Abzug in die Hand. Studierte und kommentiere die Fotos lautlos, wobei sie ihre Lippen unterschiedlich stark bewegte.

Ich komme nicht weiter, stellte Seeger fest. »Machen Sie zwei Stapel von den Fotos. Einer mit den Leuten, die Sie kennen, den anderen mit den Ihnen Unbekannten!«

Die ›von der Platte‹ schien nicht zu begreifen. Griff erneut zum Glas. Bemerkte: »Schöne Frauen und Männer. Alle fein gekleidet.«

»Soll ich mich wiederholen?«

»Was?«

»Machen Sie bitte zwei Stapel. Von Leuten, die Sie wiedererkennen, und von den Leuten, die Ihnen unbekannt sind.«

»Ich mach’ ’nen Stapel von den Gesichtern, die ich kenne.«

»Erkennen Sie jemanden?«

»Warten Sie, ich nehm’ noch’n Braunen.«

Er legte einen Geldschein auf den Tisch. Sie griff danach. Seeger kam ihr zuvor. Schlug mit der flachen Hand darauf. »Zeigen Sie mir, wen Sie wiedererkennen!«

Das erzielte seine Wirkung.

»Is’ klar.« Sie nahm die Abzüge.

»Hier, die kenne ich. Wie sich der junge Mann und die Frau unterhaken! Sind echt unbeteiligt.«

Seeger erkannte auf dem Foto Lore und Hans.

»Noch einer. Mensch, das ist der Bekloppte. Die hier, die kenne ich auch. Trauert echt.«

Seeger nahm die Fotos. Erkannte Susanne Sahlenburg und Karl Krapps.

»Wer trauert echt?«

»Na, die hier. Dat’ seh’ ich ihr am Gesicht.«

»Das ist die Sekretärin des Toten.«

»Hatten die was miteinander?«

»Nicht, dass ich wüsste.«

»Komm' Se, Anwalt. Mir machen Se nix vor.«

»Und diese junge Frau?« Seeger zeigte auf ein neues Foto.

»Wer soll das sein?«

»Die Tochter Ellen.«

»Die sieht verstört aus. Kenn' ich nicht.«

Er schob ihr den Schein zu. »Sie haben sich das Geld redlich verdient.«

»Redlich? Wat Se nich' sagen.«

»Danke. Mögen Sie noch einen?«

Allein in seinem Büro notierte er sich:

Lore und Susanne Komplizinnen?
Welche Rolle spielt Hans?
Was weiß Ellen?

Das Spiel

Seeger bog mit seinem Auto von der Neusser in die Lohsestraße ein. Auf der rechten Seite kam er an den zurückliegenden Häusern mit ihren Vorgärten vorbei. Eine kleinbürgerliche Idylle. Parkte seinen Audi vor Nummer 210.

Lore öffnete ihm. Sie trug eine rostrote, hochgeschlossene Bluse. Dazu eine schwarze Hose. Ihre Haare fielen ihr auf die Schultern. Es folgte ein kurzer Händedruck. Mit den Worten: »Ich habe Tee für uns zubereitet«, führte sie ihn in das Wohnzimmer.

»In unserem heutigen Telefonat gaben Sie mir keinen Hinweis für unser kurzfristiges Treffen«, begann Lore das Gespräch.

Zu seiner Überraschung griff sie zu einer Zigarettenschachtel. Nahm eine Zigarette, zündete sie an und blies kleine Ringe in die Luft.

»Ich will es kurz machen. Am Anfang unserer Zusammenarbeit sah ich in Ihnen eine erstarrte Frau. Sie waren kaum in der Lage, Gefühle zu zeigen. Nur durch kleine Gesten konnte ich Ihre seelischen Verletzungen erahnen. Heute meine ich, dass Sie sich Ihren Schmerz erhalten wollen. Ihre Erinnerungen, sie fließen vor und zurück. Setzen Energien frei, die Sie für das Erreichen Ihrer Ziele nutzen.«

Er machte eine Pause, um die Reaktion auf seine Worte zu prüfen.

Lore drückte mit dem Daumen die Zigarette in dem weißen Glasaschenbecher aus. Seeger starrte auf ihre Handbewegung. Seine Narbe schmerzte. Ihm fiel der Streit mit seiner Ingrid ein. Er dachte an den Aschenbecher aus Murano. Wie er auf seinen Kopf zugeflogen war.

Lore nahm die Teetasse, trank einen Schluck. Zelebrierte das Absetzen.

»Sie kommen schnell zur Sache. Definitiv.« Unruhig fuhr sie sich mit der Hand durch das Haar. »Worauf wollen Sie hinaus?«

»Es ist Ihre mangelnde Bereitschaft zur Zusammenarbeit.«

»Jeder muss so genommen werden, wie er ist. Nicht, wie er sein sollte.«

Seeger ließ sich nicht beirren. »Fragen bleiben unbeantwortet oder Sie weichen mir aus. Wichtige Begebenheiten verschweigen Sie mir.«

»Was wird das?« Ihre Mundwinkel zuckten.

»Was das wird?« Seeger konnte seinen sarkastischen Ton nicht unterdrücken. »Ich verschaffe mir Klarheit. Das bin ich dem Andenken Ihres Mannes schuldig.«

»Gut. Fangen wir an.«

»Wie Sie im Nachhinein die geläuterte Witwe spielten. Den eigenen Suizid nicht ausschlossen. Perfekt. Zu spät habe ich bemerkt, dass das nur Fassade war.«

»Ihre Wertung«, konterte Lore.

»Ihre Erinnerungslücken!«

»Sie brachten diese Lücken ins Spiel. Definitiv. Ich handelte im Affekt. Auch das brachten Sie ins Spiel.«

»Sie haben die Tat minutiös geplant.«

»Weit hergeholt. Eine Unterstellung.« Lore zog ihre Mundwinkel hoch.

»Nein, durchaus nicht. Sie lenkten die Tatbeteiligung auf Dritte. Diese Broschen, Markenzeichen meiner Sekretärin. Die geschwollenen Knöchel! War das Ihre Idee? Diese Vertrautheit, die Sie zu Frau Kröger aufbauten. Ich denke an die Teezubereitung.«

»Das erleichtert doch ihre Verteidigung. Sie können Zeugenaussagen zerpflücken mit dem Argument: Selbst meine Sekretärin könnte eine der Damen in Blau gewesen sein. Es gibt Fragen, die bleiben eben ohne Antwort.«

»Sie legten falsche Spuren. Sie benutzten nicht nur meine Sekretärin, sondern auch mich.«

Seeger nahm einen Schluck Tee. Er war mild und sahnig. Und schmeckte gut.

»Möchten Sie, dass ich … Was möchten Sie, Herr Dr. Seeger?«

»Ich will die Fäden der Marionetten entwirren.«

»Habe ich Sie zum Denken angeregt? Über das, was Sie zu wissen glauben?«

Es war die Betonung, die ihn frösteln ließ. Verdammter Narr, dachte er.

»Es gibt Antworten, die kann ich ableiten, konstruieren.«

»Sind es Wünsche, die nicht in Erfüllung gingen? Ihre Fantasien?« Lores Blick war herausfordernd. »Vieles verselbstständigt sich.«

»Hören Sie auf. Dies ist kein Spiel.«

»Sie täuschen sich. Es ist ein Spiel. Ein Spiel mit der Angst. Mit der eigenen und der der anderen. Es ist ein Spiel aller Beteiligten. Sie eingeschlossen.« Lore sah an ihm vorbei.

»Nach welchen Regeln?«

»Die Regeln? Die sind unterschiedlich. Definitiv. Das ist der Lohn für alle Beteiligten. Jeder glaubt, dass die anderen nach seinen Regeln spielen.«

»Ein Spiel mit immer neuen Variablen?«

Lore zog ihre Schultern hoch. Der Duft von Sandelholz verstärkte sich.

»Beginnen wir, Herr Dr. Seeger. Mir perlen die Sätze aus dem Mund.«

»Sie können die Vergangenheit nicht ändern.«

»Das nicht. Aber die Sichtweise auf die Vergangenheit.«

»Was ist mit Ihrer Tochter?«

»Ich musste meine Tochter schützen. Nicht zum zweiten Mal versagen. Sie nicht sehenden Auges in ihr Unglück rennen lassen.«

»Sie war nicht eingeweiht?«

»Nein. Ich verhinderte es.«

»Und Ihr Sohn Hans?«

»Nach Ellen schütze ich Hans. Rechtzeitig. Der Kokon hat einen Riss. Es gibt den ungeklärten Autounfall des pensionierten Kommissars.«

»Sie meinen …«

»Ich kann es nicht beweisen. Es ist mütterliche Intuition. Ab und zu gab ich Hans meinen Leihwagen.«

»Den silbergrauen BMW 320d Touring?«

»Genau den. Beim letzten Mal entdeckte ich auf der linken Seite eine Beule und mehrere Farbabsplitterungen. Ärgerlich.«

»Haben Sie ihn gefragt?«

»Er meinte, es müsse ihm unbemerkt beim Einparken passiert sein.«

»Glauben, meinen, wissen, das ist die Kette«, murmelte Seeger.

»Nicht immer, Herr Anwalt. Gefühle treiben uns an. Nach dem, was alles vorfiel. Ich würde es ihr zutrauen.« Sie deutete kurz ein spöttisches Lächeln an.

»Wem?«

Seeger nahm einen weiteren Schluck. Der Tee schmeckte herb.

»Susanne Sahlenburg.«

»Was trauen Sie ihr zu?« Seeger verschränkte seine Arme vor der Brust. Atmete tief durch.

Lores Stimme überschlug sich: »Feinde der Frauen sind die Frauen. Sie bekam meinen Mann nicht … Jetzt dieser Ersatz. Hans, ihr Werkzeug. Sie benutzt ihn. Auch gegen mich. Das schmerzt wirklich.«

Seeger gab seine abwehrende Haltung auf und löste die Arme. »Wie kommen Sie darauf?«

»Sie stiftete ihn an, mir anonym die Konzertkarte zuzusenden. Eine ging an Karl Krapps. Ich erklärte Ihnen eben, es gibt immer Fragen ohne Antworten.«

»Wenn es kein Unfall war? Ihr Sohn die Wahrheit spricht? Eine neue Inszenierung von Susanne Sahlenburg? Ein Spiel mit den mütterlichen Gefühlen? Eine andere Frage: Was ist mit dem Leihwagen?«

»Ich habe ihn am nächsten Tag zur Autovermietung zurückgebracht. Dem verdutzten Angestellten erklärt, dass ich für die Reparaturkosten aufkommen werde. Sie wissen doch, Herr Dr. Seeger, Frauen und Parklücken.«

Sie lachte gequält.

»Petersen wird dieser Spur nachgehen. Glauben Sie mir! Oder ist es wie mit den Broschen? Eine Fährte ins Nichts?«

»Sie fangen an, mich zu langweilen.«

Der dritte Schluck des Tees schmeckte zuckersüß.

»Diese Broschen? Diese scheußlichen Dinger. Ich erzählte es der Sahlenburg. Sie benutzte diesen Hinweis für ihre Berberinnen.«

»Plural? Eine oder mehrere Personen, wie von Zeugen beschrieben?«

»Es waren zwei. Eine ältere mit ihrer, wie sie sagte, Verlobten.«

»Die auffällig gekleideten Frauen fielen mir nie auf. Bis eine von ihnen auf der Parkbank saß und ich sie beim Blick aus meinem Bürofenster zufällig entdeckte.«

»Wir pickten sie …«

»Wir?«

»Alle Beteiligten, mit Ausnahme von Ellen. Wir holten sie an verschieden Treffpunkten ab. Meistens von der Bastei. In den Ruinen des Clouth-Fabrikgebäudes zogen sie sich um. Vorher und nachher.«

»Das war eine gemeinsame Aktion«, fasste er zusammen.

»Fast perfekt. Einer der Handlungsstränge. Die anderen verfolgte die Sahlenburg. Definitiv.« Sie schnaufte, um ihre tiefe Verachtung auszudrücken.

»Nein, mit Ihrer Hilfe, Frau Bassinger, oder der von Hans und weiteren Personen. Direkt oder indirekt. Die Wut verband sie alle.«

»Gerechtigkeit, sage ich dazu.«

»Nicht richtig. Aber lassen wir das. Sie erwähnten weitere Personen. Meinen Sie die Berberinnen? Sie waren nur Werkzeuge! Schachfiguren, die hin und her geschoben wurden.«

»Ausführende«, korrigierte ihn Lore.

»Und Susanne Sahlenburg?«

»Sie partizipierte von meinem Handeln. Ihre Rache, die kann sie kalt genießen. Kurzfristig. Ihren Angstträumen entflieht sie nicht. Denen wird sie nicht gewachsen sein. Die Schuldgefühle, die Albträume und die Depressionen. Das, was ich durchgemacht habe, steht ihr bevor. Ihr künftiges Leben ist von Misstrauen gegenüber Menschen vergiftet. Sie wird keinem mehr positiv und vorurteilsfrei begegnen. Überall das Schlechte sehen. Das ist der Preis, den sie zahlt.«

»Das scheint mir überzogen!«

Lore beugte sich vor. Kam Seeger nahe. Der wich zurück.

»Was sollte das Interview?«

»Sie meinen diesen unglücklichen Zeitungsartikel.«

»War der Inhalt mit Ihnen abgestimmt?«

»Das war vereinbart. Angeblich waren sie in Zeitdruck. Redaktionsschluss.«

»Es erfolgte keine Abstimmung mit Ihnen?«

»Nein. Musste es nicht. Zu den Aussagen stehe ich. Mein Mann wollte das Böse in dem System sichtbar machen. Diese Quelle des Bösen, verdeckt durch Wohltaten für die Wirtschaft. Dazu diente mir das Interview. Die gesellschaftlichen Umbrüche, die sozialkritische Funktion, das alles wird sichtbar.«

»Das Verfahren wird im Gerichtssaal geführt und nicht vor den Türen. Das Zeitungsinterview war der Schlusspunkt! Ich bin verärgert über das, was ich am Montagmorgen in *Köln aktuell* las. Semi Brandt, der zuvor die Assekuranz mächtig durcheinandergewirbelt hat.«

»Das Interview, es befreite mich. Definitiv. Details erspare ich Ihnen.«

Seeger stutzte. »Was soll diese meditative Äußerung? Sind Sie eine Suchende?«

»Im Augenblick habe ich meinen Platz im Leben gefunden. Ich bin angekommen. Will den Prozess. Will ihn nutzen, um die Hintergründe aufzuzeigen. Das Werk meines Mannes setze ich fort. Und: Ich bin stark genug.«

»Es ging Ihnen nie um das soziale Anliegen Ihres verstorbenen Mannes. Das Ganze ist ein persönlicher Rachefeldzug. Von Ihnen und anderen Beteiligten. Die Österreicher haben für eine Situation wie die Ihre eine gute Formulierung.«

Sie lachte spöttisch. Lehnte sich entspannt zurück.

»Nämlich?«

»Der schluchzende Raubmörder.« Er schaute auf die Tischplatte. Im Schiefer waren Versteinerungen. Eine in Form eines Herzens. Lore bemerkte es.

»Ein Ammonit«, erläuterte sie. »Merkwürdig, dass Sie davor sitzen.«

»Der ist mir bei allen meinen Besuchen nie aufgefallen.«

»Es war immer da. Das Herz aus Stein.«

Er sah sie an. Sinnierte, war das ein gezielter Stich für mich? Erklärte ungehalten: »Ich werde nicht zum Mitwisser in diesem Spiel!«

»Das sind Sie. Definitiv.«

»Ich bin keine Marionette. Es gibt keine Wiederholung. Nicht mit mir.«

»Die gibt es.«

»Ich werde aussteigen. Ich lege mein Mandat nieder.« Er sprach langsamer.

Lore wirkte angespannt.

Sprachlos saßen sie sich eine gefühlte Ewigkeit gegenüber.

Die quälende Situation unterbrach Lore schließlich. »Sie verstehen mich nicht. Ich war nie eine, die sich wegduckt.« Sie zögerte. »Jeder Weg hat seine eigene Logik. Ich habe mich gefragt, was ich vom Leben noch will, und alles auf den Prüfstand gestellt.« Sie wartete.

Der Anwalt reagierte nicht. Ein Kräftemessen mit Blicken.

»Alles Wichtige ist gesagt. Definitiv. Wir sollten keine Zeit verschwenden! Sie finden hinaus?«

»Es ist wie das Ende in einer griechischen Tragödie«, sagte Seeger. »Keiner kommt ungeschoren davon.« Er nickte und ging. Er zog die Tür geräuschlos ins Schloss. Verweilte einen Moment auf der Treppe zur Haustür. Atmete tief ein. Was bedeuten diese häufigen Hinweise auf ihre Seele? Eine krankhafte Störung oder nur ein Spiel? Ihr Spiel? Was hat sie mir erklärt? Es gibt Fragen, die bleiben ohne Antwort!

Diffuses Licht verwischte alle Schatten, als er die Straße betrat.

Die Transformation

Wie viele Gläubige, so bewunderte auch Seeger die Schmuckmadonna im Kölner Dom. Zwei-, dreimal im Jahr spendete er eine Kerze. Auch heute.

Danach tauchte er in das geschäftige Treiben der Hohe Straße ein. Plötzlich sah er Hans Bassinger.

Seeger blieb stehen. Zwang den jungen Mann ebenfalls dazu. Die Passanten hetzten rechts und links an ihnen vorbei.

»Was für ein Zufall, Herr Bassinger. Wie geht es Ihnen?« Seeger reichte ihm die Hand.

Hans lächelte.

»Ich habe den Geburtsnamen meiner Mutter angenommen. Ich heiße jetzt Schulte. Zu Ihrer Frage. Es geht mir gut. Richtig, richtig gut. Das erste Staatsexamen ist prima gelaufen. Für das weitere Studium ist der finanzielle Rahmen geschaffen. Dank einer Halbtagsstelle.«

»Ich gratuliere Ihnen. Moment, wir blockieren den Weg.«

Sie traten zur Seite und stellten sich vor den Eingang des Juweliergeschäfts Wempe.

»Was machen Sie beruflich?«

»Ich arbeite bei einer Versicherung.«

Seegers Miene verdüsterte sich. »Ist das eine gute Idee?«

»Ich bringe viel Erfahrung mit und will über diesen Weg erkennen, wer mein Vater war. Sein solidarisches Verhalten verstehen, das ihm keine Luft zum Atmen ließ.«

»Das ist ein Schuldvorwurf.«

»Eine andere Art der Trauerbewältigung. Er lebte in seinem Habitus von Sorgen, ohne sich um mich, um uns zu kümmern. Sein Familienbild war mehr der Tradition verpflichtet.« Er zögerte und ergänzte: »Er hat mir nie seine berufliche Leidenschaft erklärt, für die er alles zurückstellte.«

»Zeit für einen Kaffee?«

»Nein. Entschuldigen Sie mich bitte. Ich bin spät dran.«

»Schade. Der Name des Unternehmens?«

»Der Prozess meiner Mutter findet am kommenden Mittwoch vor dem Landgericht statt. Wegen Überlastung des Gerichts wird der Fall erst jetzt verhandelt.«

»Dann hat Kriminalhauptkommissar Petersen es geschafft, Beweise für einen Mordvorwurf vorzulegen.«

»Werden Sie als Beobachter teilnehmen?«

»Es wird ein zermürbender Prozess für die Angeklagte. Passt es zeitlich, komme ich. Und, wie ist nun der Name Ihres Arbeitgebers?«

Hans hastete grußlos davon.

Für ihre Hilfe bei der Entstehung dieses Romans bedanke ich
mich bei

Inke Beyer
Inge Münzner
Dr. Ingo Haller
und
Peter Sevenich

Ein Giftmord im Kölner Bürgertum

Barbara Becker-Jákli
Mord im Biedermeier
Köln-Krimi mit 16 Farbtafeln

360 Seiten, 16,8 × 24 cm, Paperback, ISBN 978-3-87062-184-1

Im August 1823 treffen im Hause des Kölner Stadtphysikus Dr. Elkendorf einige kunstliebende Herren zusammen. Unter ihnen befinden sich der Sammler Wallraf, der Verleger DuMont und der gerade aus Paris zurückgekehrte Dr. Jakob Nockenfeldt. Die Gesellschaft tafelt üppig und trinkt erlesene Weine. Am nächsten Tag ist Dr. Nockenfeldt tot – vergiftet. Seine Haushälterin Anna Steinbüchel macht sich auf die Suche nach dem Täter …

Die schwarze Seele eines Konzerns

Heinrich Bischoff
Der beabsichtigte Kollateralschaden
Köln-Krimi

304 Seiten, 13,5 × 21 cm, Paperback, ISBN 978-3-87062-178-0

Während der Betriebsversammlung der Titanus-Versicherung in Köln fallen plötzlich Schüsse, nachdem der Vorstandsvorsitzende sein Referat zur Umstrukturierung und Freisetzung von zwanzig Prozent der Angestellten beendet hat. Während der Untersuchungshaft schildert der Täter seinem Verteidiger die kriminellen Machenschaften in der Versicherungsbranche und gerät dadurch in höchste Gefahr.